10분 영어 리얼 패턴

10 MINUTE ENGLISH
REAL PATTERN

BOGO Media®

2019년 5월 10일 초판 1쇄 발행

발행처	BOGO Media® (주) 보고미디어
발행인	윤호병
지은이	eduTV 언어교육연구소
PD	조한나
강사	셀린
책임편집	최진욱, 유은하
디자인	이순주, 이수빈
마케팅	김대영
콘텐츠 기획	김아인
출판등록	제2014-000012호
주소	서울시 구로구 구로디지털로 33길 55, 이앤씨벤쳐드림타워2차 508호
대표전화	1544-7126
팩스	02-2278-8817
정가	값 13,000원
ISBN	979-11-7006-348-3

ⓒ 주식회사 보고미디어, 2019
이 책은 저작권법에 따라 보호를 받는 저작물이므로 무단복제와 무단전재는 법으로 금지되어 있습니다.
이 책 내용의 전부 또는 일부를 이용하려면 반드시 저작권자와 보고미디어의 서면동의를 받아야 합니다.

잘못된 책은 구입하신 곳에서 교환해 드립니다.

How to Study this Book
REAL PATTERN
10 minute English 리얼 패턴

말하자닷컴에서 동영상 강의보기
* 패턴으로 쉽게 익히는 회화
* 친절한 예문 설명
* 스피킹 연습 무제한

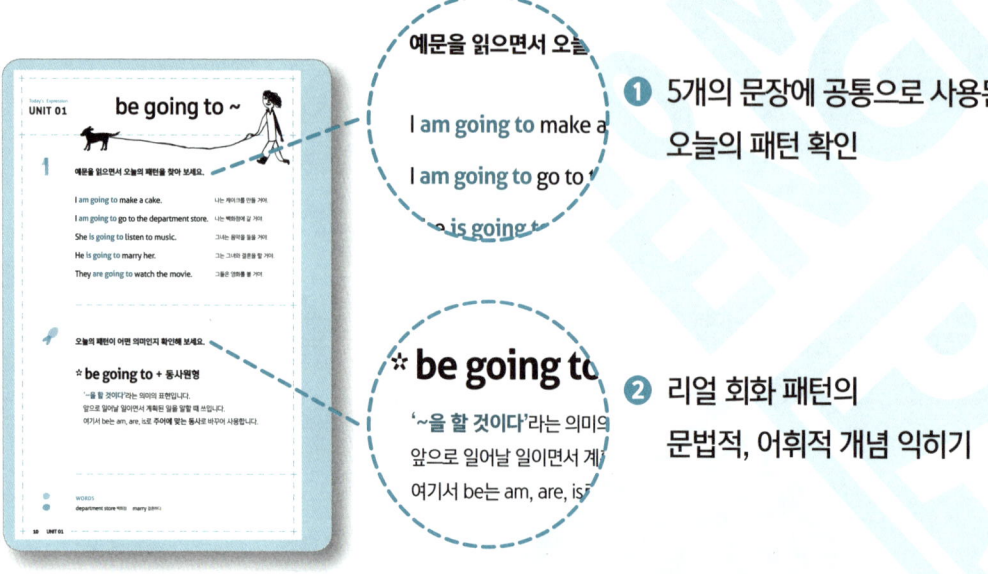

❶ 5개의 문장에 공통으로 사용된 오늘의 패턴 확인

❷ 리얼 회화 패턴의 문법적, 어휘적 개념 익히기

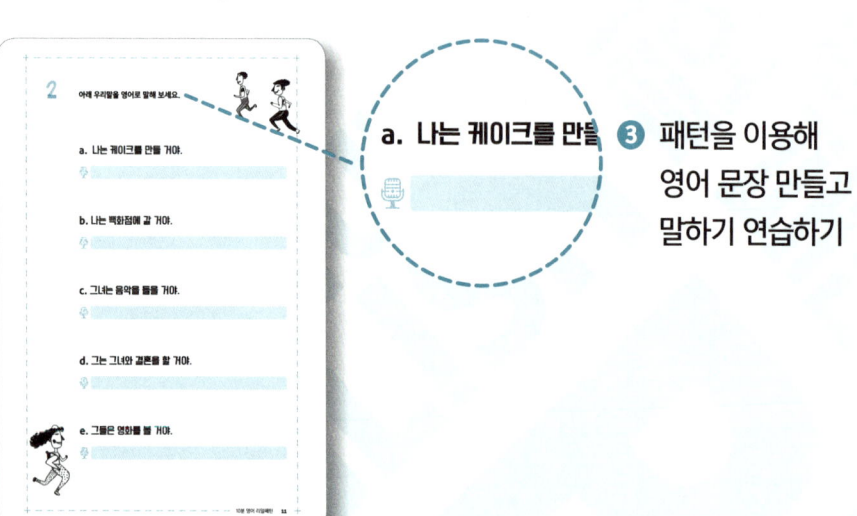

❸ 패턴을 이용해 영어 문장 만들고 말하기 연습하기

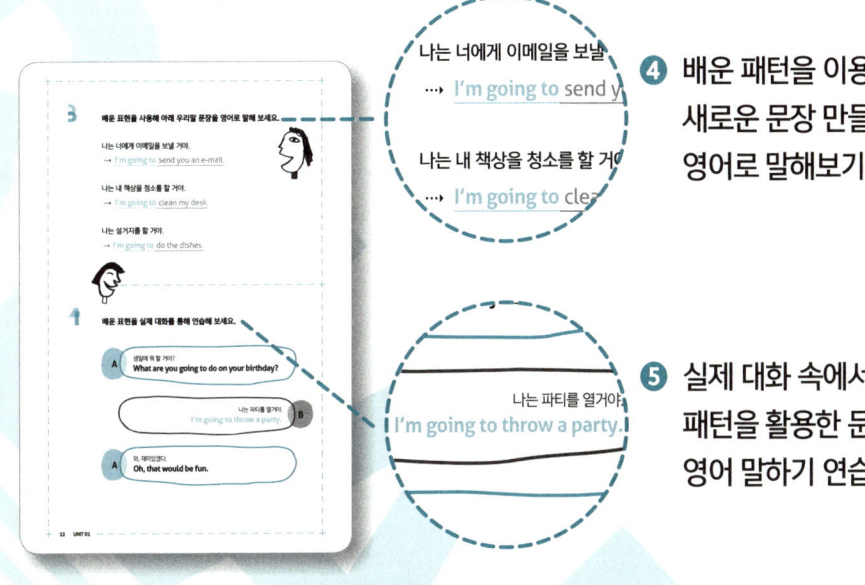

④ 배운 패턴을 이용해
새로운 문장 만들고
영어로 말해보기

⑤ 실제 대화 속에서
패턴을 활용한 문장으로
영어 말하기 연습하기

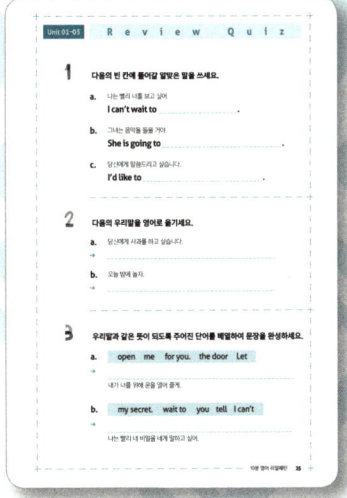

Review Quiz

5개의 UNIT을 공부한 후
Review Quiz를 풀면서
다시 한 번 복습하기

HOW TO STUDY THIS BOOK
REAL PATTERN 10 minute English 리얼 패턴

일상 생활에서 가장 많이 쓰는 패턴으로 회화 실력 키우기

* 네이티브가 매일 사용하는 영어 패턴
* 만능 패턴 60개로 300 문장 완벽 마스터

10 minute English
리얼 패턴
동영상 강의

1단계

공통으로 들어간
오늘의 만능패턴학습!
패턴만 알면 왕초보도
하고 싶은 말을 표현할 수 있습니다.

2단계

패턴을 사용한 문장으로
오늘의 만능패턴을
확실하게 학습할 수 있습니다.

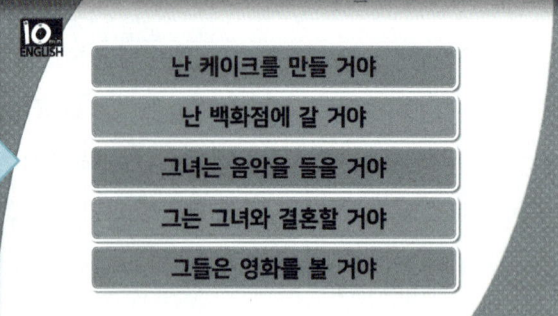

3단계

하루 10분 문장별 집중분석으로 매일 5개의 문장을 학습합니다.

4단계

원어민이 자주 쓰는 패턴을 강사와 호흡하며 반복해서 소리내어 말하기까지 학습할 수 있습니다.

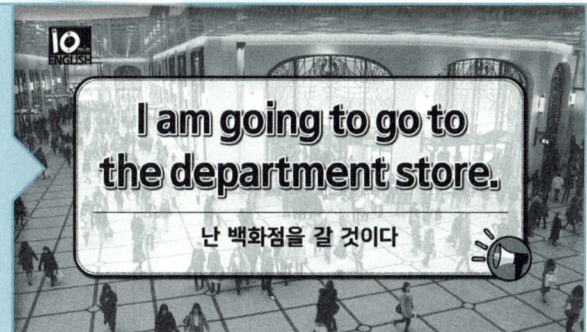

교육채널 1위 eduTV의 1위 콘텐츠만 모아놓은 어학 교육 전문 사이트 [말하자닷컴]에서 동영상강의와 함께 공부하세요. www.malhaza.com

Contents

UNIT 01 _ be going to ~ ~을 할 것이다 ·········· 10
UNIT 02 _ I can't wait to ~ 너무 ~하고 싶다, 빨리 ~하고 싶다 ·········· 13
UNIT 03 _ I'd like to ~ 나는 ~하고 싶다 ·········· 16
UNIT 04 _ Let's ~ ~하자 ·········· 19
UNIT 05 _ Let me ~ 내가 ~할게 ·········· 22
　　　　　Review Quiz ·········· 25
UNIT 06 _ I want to ~ 나는 ~하고 싶다 ·········· 26
UNIT 07 _ I don't want to ~ 나는 ~하고 싶지 않다 ·········· 29
UNIT 08 _ need to ~ ~해야 한다 ·········· 32
UNIT 09 _ have to ~ 반드시 ~해야 한다 ·········· 35
UNIT 10 _ don't have to ~ ~할 필요가 없다 ·········· 38
　　　　　Review Quiz ·········· 41
UNIT 11 _ try to ~ ~하려고 노력하다 ·········· 44
UNIT 12 _ managed to ~ 가까스로 겨우 ~해냈다 ·········· 47
UNIT 13 _ used to ~ 과거에 ~했었다 ·········· 50
UNIT 14 _ You'd better ~ ~하는 게 좋겠다 ·········· 53
UNIT 15 _ I'd rather ~ 차라리 ~하는 것이 더 낫다 ·········· 56
　　　　　Review Quiz ·········· 59
UNIT 16 _ I'm here to ~ 나는 ~하러 여기에 왔다 ·········· 60
UNIT 17 _ I think you should ~ ~하는 것이 좋겠다 ·········· 63
UNIT 18 _ It's time to ~ ~할 시간이다, ~할 때이다 ·········· 66
UNIT 19 _ It takes me time to ~ ~하는 데 시간이 걸리다 ·········· 69
UNIT 20 _ make sure to ~ 꼭 ~하도록 해라 ·········· 72
　　　　　Review Quiz ·········· 75
UNIT 21 _ Can you ~? ~해도 되나요?, ~할 수 있나요? ·········· 78
UNIT 22 _ Would you ~? ~하시겠어요?, ~해 주시겠어요? ·········· 81
UNIT 23 _ Can I ~? 내가 ~해도 되나요? ·········· 84
UNIT 24 _ May I ~? 제가 ~해도 될까요? ·········· 87
UNIT 25 _ Shall we ~? 우리 ~할까? ·········· 90
　　　　　Review Quiz ·········· 93
UNIT 26 _ Do you ~? 너는 ~하니? ·········· 94
UNIT 27 _ Do you want to ~? 너는 ~하고 싶니? ·········· 97
UNIT 28 _ Do I have to ~? 내가 ~해야 하니? ·········· 100
UNIT 29 _ Are you free to ~? 너는 ~할 시간 되니? ·········· 103
UNIT 30 _ Are you going to ~? 너 ~할 거니?, 너 ~할 계획이니? ·········· 106
　　　　　Review Quiz ·········· 109

UNIT 31 _ **What [Noun] ~?** 어떤 (명사)를 ~하니? ··· 112
UNIT 32 _ **What did you ~?** 너는 무엇을 ~했니? ··· 115
UNIT 33 _ **How did you ~?** 너는 어떻게(어쩌다) ~했니? ··· 118
UNIT 34 _ **How often do you ~?** 얼마나 자주 ~하니? ··· 121
UNIT 35 _ **How long does it take to ~?** ~하는 데 얼마나 걸리니? ··· 124
　　　　　 Review Quiz ··· 127
UNIT 36 _ **When is ~?** ~은 언제야? ··· 128
UNIT 37 _ **Where can I ~?** 어디서 ~할 수 있지?, 어디서 ~하면 되지? ··· 131
UNIT 38 _ **Who [verb] ~?** 누가 ~할래?, 누가 ~하니? ··· 134
UNIT 39 _ **Why not ~?** ~하는 게 어때서?, ~하는 게 어때? ··· 137
UNIT 40 _ **Why did you ~?** 왜 ~했니? ··· 140
　　　　　 Review Quiz ··· 143

UNIT 41 _ **There is/are ~** ~이(가) 있다 ··· 146
UNIT 42 _ **I don't care about ~** ~에 대해 관심이 없다, 신경 쓰지 않는다 ··· 149
UNIT 43 _ **I don't feel like ~** ~하고 싶지 않다, ~할 기분이 아니다 ··· 152
UNIT 44 _ **I am good at ~** 나는 ~을 잘한다 ··· 155
UNIT 45 _ **I had difficulty ~** 나는 ~하는 데 어려움을 겪었다(힘들었다) ··· 158
　　　　　 Review Quiz ··· 161
UNIT 46 _ **You look like ~** 너는 ~처럼 보인다 ··· 162
UNIT 47 _ **is/are worth ~** ~할 가치가 있다 ··· 165
UNIT 48 _ **It is because of ~** 그것은 ~때문이다 ··· 168
UNIT 49 _ **Thank you for ~** ~에 대해 감사하다 ··· 171
UNIT 50 _ **What do you say to ~?** ~하는 게 어때? ··· 174
　　　　　 Review Quiz ··· 177

UNIT 51 _ **You are so ~** 너는 참 ~하구나, 너는 매우 ~하다 ··· 180
UNIT 52 _ **You look ~** 너는 ~해 보인다 ··· 183
UNIT 53 _ **You sound ~** 목소리가 ~한 듯 하다, 들어보니 ~인 것 같다 ··· 186
UNIT 54 _ **too ~ to …** 너무 ~해서 …할 수 없다 ··· 189
UNIT 55 _ **It could be ~** ~일 수도 있다 ··· 192
　　　　　 Review Quiz ··· 195
UNIT 56 _ **Have you ever ~?** ~해봤니?, ~해본 적 있니? ··· 196
UNIT 57 _ **I have already ~** 이미 ~했다, 벌써 ~했다 ··· 199
UNIT 58 _ **I haven't ~ yet** 아직 ~하지 못했다 ··· 202
UNIT 59 _ **I've never ~ before** ~해본 적이 한 번도 없다 ··· 205
UNIT 60 _ **You must have ~** 너는 ~했음에 틀림없다 ··· 208
　　　　　 Review Quiz ··· 211
　　　　　 Answer Review Quiz ··· 212

1

UNIT 01 _ **be going to ~** ~을 할 것이다
UNIT 02 _ **I can't wait to ~** 너무 ~하고 싶다, 빨리 ~하고 싶다
UNIT 03 _ **I'd like to ~** 나는 ~하고 싶다
UNIT 04 _ **Let's ~** ~하자
UNIT 05 _ **Let me ~** 내가 ~할게
　　　　　Review Quiz
UNIT 06 _ **I want to ~** ~하고 싶다
UNIT 07 _ **I don't want to ~** 나는 ~하고 싶지 않다
UNIT 08 _ **need to ~** ~해야 한다
UNIT 09 _ **have to ~** 반드시 ~해야 한다
UNIT 10 _ **don't have to ~** ~할 필요가 없다
　　　　　Review Quiz

Today's Expression
UNIT 01

be going to ~

1 예문을 읽으면서 오늘의 패턴을 찾아 보세요.

I **am going to** make a cake.	나는 케이크를 만들 거야.
I **am going to** go to the department store.	나는 백화점에 갈 거야.
She **is going to** listen to music.	그녀는 음악을 들을 거야.
He **is going to** marry her.	그는 그녀와 결혼을 할 거야.
They **are going to** watch the movie.	그들은 영화를 볼 거야.

오늘의 패턴이 어떤 의미인지 확인해 보세요.

✽ be going to + 동사원형

'**~을 할 것이다**'라는 의미의 표현입니다.
앞으로 일어날 일이면서 계획된 일을 말할 때 쓰입니다.
여기서 be는 am, are, is로 **주어에 맞는 동사**로 바꾸어 사용합니다.

WORDS
department store 백화점   marry 결혼하다

2 아래 우리말을 영어로 말해 보세요.

a. 나는 케이크를 만들 거야.

b. 나는 백화점에 갈 거야.

c. 그녀는 음악을 들을 거야.

d. 그는 그녀와 결혼을 할 거야.

e. 그들은 영화를 볼 거야.

3

배운 표현을 사용해 아래 우리말 문장을 영어로 말해 보세요.

나는 너에게 이메일을 보낼 거야.
⋯▸ I'm going to send you an e-mail.

나는 내 책상을 청소를 할 거야.
⋯▸ I'm going to clean my desk.

나는 설거지를 할 거야.
⋯▸ I'm going to do the dishes.

4

배운 표현을 실제 대화를 통해 연습해 보세요.

A: 생일에 뭐 할 거야?
What are you going to do on your birthday?

B: 나는 파티를 열거야.
I'm going to throw a party.

A: 와, 재미있겠다.
Oh, that would be fun.

Today's Expression
UNIT 02
I can't wait to ~

1 예문을 읽으면서 오늘의 패턴을 찾아 보세요.

I can't wait to see you.	나는 빨리 너를 보고 싶어.
I can't wait to turn on the TV.	나는 빨리 TV를 켜고 싶어.
I can't wait to study English.	나는 빨리 영어공부를 하고 싶어.
I can't wait to tell you my secret.	나는 빨리 내 비밀을 네게 말하고 싶어.
I can't wait to go sightseeing.	나는 빨리 관광을 하고 싶어.

오늘의 패턴이 어떤 의미인지 확인해 보세요.

✽ I can't wait to + 동사원형

'너무 ~하고 싶다, 빨리 ~하고 싶다'라는 의미의 표현입니다. to 뒤에 동사원형을 함께 써서 '너무 ~하고 싶어서 기다릴 수 없다'라는 말이 됩니다. 특히 어떤 일이 예정되어 있거나 약속이 정해진 상태에서 '너무 하고 싶어서 더는 기다릴 수 없다'는 뉘앙스로 약간의 조급함을 나타내는 표현입니다.

WORDS
turn on 켜다   go sightseeing 관광을 하다

10분 영어 리얼패턴

2

아래 우리말을 영어로 말해 보세요.

a. 나는 빨리 너를 보고 싶어.

b. 나는 빨리 TV를 켜고 싶어.

c. 나는 빨리 영어공부를 하고 싶어.

d. 나는 빨리 내 비밀을 네게 말하고 싶어.

e. 나는 빨리 관광을 하고 싶어.

3

배운 표현을 사용해 아래 우리말 문장을 영어로 말해 보세요.

나는 빨리 그 영화를 보고 싶어.
⋯▸ I can't wait to watch the movie.

나는 빨리 옛 친구를 만나고 싶어.
⋯▸ I can't wait to meet my old friend.

나는 빨리 너의 음식을 맛보고 싶어.
⋯▸ I can't wait to taste your food.

4

배운 표현을 실제 대화를 통해 연습해 보세요.

A 너는 우리와 배낭여행 갈 거니?
Are you going to go backpacking with us?

응, 그럴 거야. 빨리 가고 싶어.
Yes, I am. I can't wait to go. **B**

A 우리 계획을 세워보자.
Let's make a plan for that.

Today's Expression
UNIT 03

I'd like to ~

1 예문을 읽으면서 오늘의 패턴을 찾아 보세요.

I'd like to order.	나는 주문을 하고 싶습니다.
I'd like to pay for this.	나는 계산을 하고 싶습니다.
I'd like to check in, please.	나는 체크인을 하고 싶습니다.
I'd like to talk to you.	나는 당신에게 말씀드리고 싶습니다.
I'd like to treat you to lunch.	나는 당신에게 점심을 대접하고 싶습니다.

 오늘의 패턴이 어떤 의미인지 확인해 보세요.

❊ I'd like to + 동사원형

'**나는 ~하고 싶다**'라는 의미의 표현입니다.
공손하고 점잖게 하고 싶은 것을 말할 때 사용하며, 특히 격식 있는 자리에서 사용하는 표현입니다. 이때 I'd는 I would의 줄임말입니다.

WORDS
order 주문하다   pay 지불하다   check in (투숙, 탑승) 체크인하다   treat 대접하다

2

아래 우리말을 영어로 말해 보세요.

a. 나는 주문을 하고 싶습니다.

b. 나는 계산을 하고 싶습니다.

c. 나는 체크인을 하고 싶습니다.

d. 나는 당신에게 말씀드리고 싶습니다.

e. 나는 당신에게 점심을 대접하고 싶습니다.

3. 배운 표현을 사용해 아래 우리말 문장을 영어로 말해 보세요.

나는 당신에게 사과하고 싶습니다.
⋯▸ I'd like to apologize to you.

나는 하루 휴가를 내고 싶습니다.
⋯▸ I'd like to take a day off.

나는 당신에게 뭔가를 물어보고 싶습니다.
⋯▸ I'd like to ask you something.

4. 배운 표현을 실제 대화를 통해 연습해 보세요.

A: 저희 호텔에 오신 걸 환영합니다. 무엇을 도와드릴까요?
Welcome to our hotel. How may I help you?

B: 나는 체크인을 하고 싶어요.
I'd like to check in, please.

A: 네. 여권을 좀 보여 주시겠어요?
Okay. May I see your passport?

Today's Expression
UNIT 04

Let's ~

1 예문을 읽으면서 오늘의 패턴을 찾아 보세요.

Let's go out for lunch.	점심 먹으러 나가자.
Let's go to the restaurant.	그 식당으로 가자.
Let's take a walk.	산책을 하자.
Let's get some rest.	좀 쉬자.
Let's talk about it.	그것에 대해 말해보자.

오늘의 패턴이 어떤 의미인지 확인해 보세요.

✲ Let's + 동사원형

'**~하자**'라는 의미의 표현입니다.
상대방에게 무언가 같이 하자고 제안할 때 사용하고, Let's는 Let us의 줄임말입니다. '~하는 게 어때?'라는 의미로 'How about + -ing?' 또는 'What about + -ing?'를 쓸 수도 있습니다.

WORDS
take a walk 산책하다   get some rest 휴식을 취하다

2 아래 우리말을 영어로 말해 보세요.

a. 점심 먹으러 나가자.

b. 그 식당으로 가자.

c. 산책을 하자.

d. 좀 쉬자.

e. 그것에 대해 말해보자.

3. 배운 표현을 사용해 아래 우리말 문장을 영어로 말해 보세요.

한 번 더 연습하자.
⋯▸ **Let's** practice one more time.

오늘 밤에 놀자.
⋯▸ **Let's** hang out tonight.

그것에 대해 잊자.
⋯▸ **Let's** forget about it.

4. 배운 표현을 실제 대화를 통해 연습해 보세요.

A: 너무 많이 먹었어. 엄청 배부르네.
I ate too much. I'm so full.

B: 우리 산책하자.
Let's take a walk.

A: 좋은 생각이야. 저쪽 공원으로 가자.
**That's a good idea.
Let's go to the park over there.**

Today's Expression
UNIT 05

Let me ~

1 예문을 읽으면서 오늘의 패턴을 찾아 보세요.

Let me help you.	내가 너를 도와줄게.
Let me see.	내가 한번 볼게.
Let me try again.	내가 다시 한번 해 볼게.
Let me introduce myself.	자기소개를 해 볼게.
Let me open the door for you.	내가 너를 위해 문을 열어줄게.

오늘의 패턴이 어떤 의미인지 확인해 보세요.

✲ Let me + 동사원형

'**내가 ~할게**'라는 의미의 표현입니다.
이 표현 뒤에는 동사원형이 따라 나오고,
상대방에게 허락을 구할 때 사용합니다.

● **WORDS**
● help 돕다   try 시도하다   introduce 소개하다

2

아래 우리말을 영어로 말해 보세요.

a. 내가 너를 도와줄게.

b. 내가 한번 볼게.

c. 내가 다시 한번 해 볼게.

d. 자기소개를 해 볼게.

e. 내가 너를 위해 문을 열어줄게.

3

배운 표현을 사용해 아래 우리말 문장을 영어로 말해 보세요.

내가 질문 하나 할게.
⋯▸ **Let me** ask you a question.

내가 한 잔 살게.
⋯▸ **Let me** buy you a drink.

나에게 알려 줘.
⋯▸ **Let me** know.

4

배운 표현을 실제 대화를 통해 연습해 보세요.

A 네 노트북 좀 쓸게.
Let me use your laptop.

응, 조금만 기다려 봐. **B**
Okay, wait a second.

A 사실 지금 당장 필요해.
Actually, I need it right now.

Unit 01~05　　R e v i e w　Q u i z

1. 다음의 빈 칸에 들어갈 알맞은 말을 쓰세요.

a. 나는 빨리 너를 보고 싶어.
I can't wait to _____ _____.

b. 그녀는 음악을 들을 거야.
She is going to _____ _____.

c. 당신에게 말씀드리고 싶습니다.
I'd like to _____ _____.

2. 다음의 우리말을 영어로 옮기세요.

a. 당신에게 사과를 하고 싶습니다.
→ _____

b. 오늘 밤에 놀자.
→ _____

3. 우리말과 같은 뜻이 되도록 주어진 단어를 배열하여 문장을 완성하세요.

a. `open   me   for you.   the door   Let`
→ _____
내가 너를 위해 문을 열어 줄게.

b. `my secret.   wait to   you   tell   I can't`
→ _____
나는 빨리 내 비밀을 네게 말하고 싶어.

Today's Expression
UNIT 06
I want to ~

1 예문을 읽으면서 오늘의 패턴을 찾아 보세요.

I want to go camping.	나는 캠핑을 가고 싶어.
I want to hold your hand.	나는 네 손을 잡고 싶어.
I want to talk to you.	나는 너에게 말하고 싶어.
I want to eat something.	나는 무언가를 먹고 싶어.
I want to drink a cup of coffee.	나는 커피 한 잔을 마시고 싶어.

오늘의 패턴이 어떤 의미인지 확인해 보세요.

✿ I want to + 동사원형

'**나는 ~하고 싶다**'라는 의미의 표현입니다.
친하고 편한 사람들끼리 주로 사용하며 말할 때 I want to가 아닌 I wanna라고 합니다. 보다 정중하게 예의를 갖추고 싶을 때에는 'I'd like to + 동사원형'을 사용할 수 있습니다.

WORDS
go camping 캠핑 가다　　hold 잡다　　a cup of 한 잔의

2 아래 우리말을 영어로 말해 보세요.

a. 나는 캠핑을 가고 싶어.

b. 나는 네 손을 잡고 싶어.

c. 나는 너에게 말하고 싶어.

d. 나는 무언가를 먹고 싶어.

e. 나는 커피 한 잔을 마시고 싶어.

3

배운 표현을 사용해 아래 우리말 문장을 영어로 말해 보세요.

나는 여행 가고 싶어.
⋯▶ I want to take a trip.

나는 운동하고 싶어.
⋯▶ I want to work out.

나는 집에 가고 싶어.
⋯▶ I want to go home.

4

배운 표현을 실제 대화를 통해 연습해 보세요.

A: 이번 주말에 계획이 있니?
Do you have a plan for this weekend?

B: 없어, 하지만 낚시하러 가고 싶어. 너는?
No, but I want to go fishing. **What about you?**

A: 나는 등산하러 가고 싶어.
I want to go hiking.

Today's Expression
UNIT 07

I don't want to ~

1 예문을 읽으면서 오늘의 패턴을 찾아 보세요.

I don't want to go fishing.	나는 낚시를 하러 가고 싶지 않아.
I don't want to eat a hamburger.	나는 햄버거를 먹고 싶지 않아.
I don't want to wake up.	나는 일어나고 싶지 않아.
I don't want to give up.	나는 포기하고 싶지 않아.
I don't want to say goodbye.	나는 안녕이라고 말하고 싶지 않아.

오늘의 패턴이 어떤 의미인지 확인해 보세요.

✻ I don't want to + 동사원형

'나는 ~하고 싶지 않다'라는 의미의 표현입니다. 회화체에서 want to를 wanna로 발음하는 경우가 많다는 것도 알아 두세요.

WORDS
go fishing 낚시하러 가다   wake up 깨다, 일어나다   give up 포기하다

2

아래 우리말을 영어로 말해 보세요.

a. 나는 낚시를 하러 가고 싶지 않아.

b. 나는 햄버거를 먹고 싶지 않아.

c. 나는 일어나고 싶지 않아.

d. 나는 포기하고 싶지 않아.

e. 나는 안녕이라고 말하고 싶지 않아.

3

배운 표현을 사용해 아래 우리말 문장을 영어로 말해 보세요.

나는 돈을 쓰고 싶지 않아.
⋯▸ I don't want to spend money.

나는 내 핸드폰을 바꾸고 싶지 않아.
⋯▸ I don't want to change my cell phone.

나는 너와 언쟁을 하고 싶지 않아.
⋯▸ I don't want to argue with you.

4

배운 표현을 실제 대화를 통해 연습해 보세요.

A 너의 숙제를 보여 줄래?
Can you show me your homework?

B 미안, 누구에게도 보여주고 싶지 않아.
Sorry, I don't want to show anyone.

A 베껴 쓰지 않을게. 제발!
I will not copy it. Please!

Today's Expression
UNIT 08
need to ~

1 예문을 읽으면서 오늘의 패턴을 찾아 보세요.

I **need to** lose weight.	나는 살을 빼야 해.
I **need to** work out.	나는 운동을 해야 해.
You **need to** get some groceries.	너는 장을 봐야 해.
We **need to** go out.	우리는 나가야 해.
He **needs to** get a job.	그는 직업을 가져야 해.

오늘의 패턴이 어떤 의미인지 확인해 보세요.

✽ need to + 동사원형

'**~해야 한다**'라는 의미의 표현입니다.
need to는 발음할 때 'd' 소리가 거의 나지 않습니다.
이 표현은 무언가를 해야하는 필요성이 있을 때 사용합니다.

WORDS
lose weight 살을 빼다   work out 운동하다   groceries 식료품

2

아래 우리말을 영어로 말해 보세요.

a. 나는 살을 빼야 해.

b. 나는 운동을 해야 해.

c. 너는 장을 봐야 해.

d. 우리는 나가야 해.

e. 그는 직업을 가져야 해.

3

배운 표현을 사용해 아래 우리말 문장을 영어로 말해 보세요.

나는 쇼핑을 가야 해.
⋯▸ I need to go shopping.

나는 손을 씻어야 해.
⋯▸ I need to wash my hands.

나는 빨래를 해야 해.
⋯▸ I need to do the laundry.

4

배운 표현을 실제 대화를 통해 연습해 보세요.

A: 이번 공휴일에 무엇을 할 거니?
What are you going to do this holiday?

B: 나 서점에 갈 거야. 잡지를 사야 하거든.
I'm going to go to a bookstore.
I need to buy magazines.

A: 어떤 종류의 잡지를 사고 싶어?
What kind of magazine do you want to buy?

Today's Expression
UNIT 09

have to ~

1 예문을 읽으면서 오늘의 패턴을 찾아 보세요.

I **have to** do my homework.	나는 숙제를 해야 해.
I **have to** water the flower.	나는 꽃에 물을 줘야 해.
You **have to** join the army.	너는 군에 입대해야 해.
She **has to** renew her driver's license.	그녀는 운전면허증을 갱신해야 해.
He **has to** take care of his son.	그는 그의 아들을 돌봐야 해.

오늘의 패턴이 어떤 의미인지 확인해 보세요.

❋ have to + 동사원형

'반드시 ~해야 한다'라는 의미의 표현입니다.
내 마음대로 되지 않는 상황에서 객관적인 의무를 말할 때 사용합니다.
앞에서 배운 need to보다 좀 더 강한 뉘앙스를 띄고 있습니다.

WORDS
join the army 군에 입대하다   driver's license 운전면허증   take care of ~을 돌보다

10분 영어 리얼패턴   **35**

2 아래 우리말을 영어로 말해 보세요.

a. 나는 숙제를 해야 해.

b. 나는 꽃에 물을 줘야 해.

c. 너는 군에 입대해야 해.

d. 그녀는 운전면허증을 갱신해야 해.

e. 그는 그의 아들을 돌봐야 해.

3

배운 표현을 사용해 아래 우리말 문장을 영어로 말해 보세요.

나는 출장 가야 해.
⋯▸ I have to go on a business trip.

나는 책 한 권을 읽어야 해.
⋯▸ I have to read a book.

나는 그 컴퓨터를 고쳐야 해.
⋯▸ I have to fix the computer.

4

배운 표현을 실제 대화를 통해 연습해 보세요.

A 내일 우리 집에 올 수 있어?
Can you come to my home tomorrow?

B 미안해, 내일 나 치과 가야 해.
Sorry, I have to go to the dentist tomorrow.

A 그럼 언제 올 거야?
Then when will you come?

Today's Expression
UNIT 10

don't have to ~

1
예문을 읽으면서 오늘의 패턴을 찾아 보세요.

I **don't have to** lose weight.	나는 살을 뺄 필요가 없어.
You **don't have to** worry.	너는 걱정을 할 필요가 없어.
You **don't have to** cook at home.	너는 집에서 요리를 할 필요가 없어.
You **don't have to** be upset.	너는 화를 낼 필요가 없어.
He **doesn't have to** work hard.	그는 열심히 일을 할 필요가 없어.

오늘의 패턴이 어떤 의미인지 확인해 보세요.

✲ **don't have to** + 동사원형

'**~할 필요가 없다**'라는 의미의 표현입니다.
have to(~해야 한다)의 앞에 don't가 붙는다고 '~안 해야 한다'가 아니라
'~하지 않아도 된다, ~할 필요가 없다'라고 해석합니다.
따라서 같은 의미의 표현은 'don't need to'라는 것을 알아 두세요.

WORDS
lose weight 살을 빼다   **worry** 걱정하다   **upset** 속상한, 화난

2 아래 우리말을 영어로 말해 보세요.

a. 나는 살을 뺄 필요가 없어.

b. 너는 걱정을 할 필요가 없어.

c. 너는 집에서 요리를 할 필요가 없어.

d. 너는 화를 낼 필요가 없어.

e. 그는 열심히 일을 할 필요가 없어.

3

배운 표현을 사용해 아래 우리말 문장을 영어로 말해 보세요.

너는 그 질문에 대답을 할 필요가 없어.
⋯▸ **You don't have to** answer the question.

너는 우산을 살 필요가 없어.
⋯▸ **You don't have to** buy an umbrella.

너는 점심을 살 필요가 없어.
⋯▸ **You don't have to** treat me to lunch.

4

배운 표현을 실제 대화를 통해 연습해 보세요.

A: 너는 지금 시간있니?
Are you free now?

아니, 나 마감 때문에 바빠. **B**
No, I'm busy with the deadline.

A: 지금 당장 그걸 끝낼 필요 없어.
You don't have to finish it right now.

Unit 06~10 Review Quiz

1 다음의 빈 칸에 들어갈 알맞은 말을 쓰세요.

a. 나는 네 손을 잡고 싶어.
   I want to _____ _____ _____.

b. 나는 포기하고 싶지 않아
   I don't want to _____ _____.

c. 그는 직업을 가져야 해.
   He needs to _____ _____ _____.

2 다음의 우리말을 영어로 옮기세요.

a. 나는 출장을 가야 해.
→ _____

b. 나는 내 방을 청소하고 싶지 않아.
→ _____

3 우리말과 같은 뜻이 되도록 주어진 단어를 배열하여 문장을 완성하세요.

a. goodbye. I to say want don't
→ _____
   나는 안녕이라고 말하고 싶지 않아.

b. groceries. need to some get You
→ _____
   너는 장을 봐야 해.

2

UNIT 11 _ **try to ~** ~하려고 노력하다

UNIT 12 _ **managed to ~** 가까스로 겨우 ~해냈다

UNIT 13 _ **used to ~** 과거에 ~했었다

UNIT 14 _ **You'd better ~** ~하는 게 좋겠다

UNIT 15 _ **I'd rather ~** 차라리 ~하는 것이 더 낫다

Review Quiz

UNIT 16 _ **I'm here to ~** 나는 ~하러 여기에 왔다

UNIT 17 _ **I think you should ~** ~하는 것이 좋겠다

UNIT 18 _ **It's time to ~** ~할 시간이다, ~할 때이다

UNIT 19 _ **It takes me time to ~** ~하는데 시간이 걸리다

UNIT 20 _ **make sure to ~** 꼭 ~하도록 해라

Review Quiz

Today's Expression
UNIT 11

try to ~

1 예문을 읽으면서 오늘의 패턴을 찾아 보세요.

I **try to** stay healthy.	나는 건강해지려고 노력해.
I **try to** drink less than two cups of coffee.	나는 커피를 두 잔보다 적게 마시려고 노력해.
I **try to** attend all the art fairs.	나는 모든 미술 전시회에 참여하려고 노력해.
She **tried to** open the window.	그녀는 창문을 열려고 노력했어.
Before you begin, **try to** relax.	시작 전에, 긴장을 풀도록 노력해.

 오늘의 패턴이 어떤 의미인지 확인해 보세요.

✲ try to + 동사원형

'**~하려고 노력하다**'라는 의미의 표현입니다.
try to는 미래 혹은 의지의 의미를 갖지만
실제로 결과가 어떤지는 알 수 없습니다.

WORDS
healthy 건강한   **art fair** 미술 전시회   **relax** 휴식을 취하다

2

아래 우리말을 영어로 말해 보세요.

a. 나는 건강해지려고 노력해.

b. 나는 커피를 두 잔보다 적게 마시려고 노력해.

c. 나는 모든 미술 전시회에 참여하려고 노력해.

d. 그녀는 창문을 열려고 노력했어.

e. 시작 전에, 긴장을 풀도록 노력해.

3

배운 표현을 사용해 아래 우리말 문장을 영어로 말해 보세요.

나는 일정을 늦추려고 노력했어.
… **I tried to** delay the schedule.

나는 택시를 세우려고 노력했어.
… **I tried to** stop a taxi.

나는 시간을 잘 지키려고 노력했어.
… **I tried to** be punctual.

4

배운 표현을 실제 대화를 통해 연습해 보세요.

A: 너는 최근에 매우 건강해 보여.
You look very healthy lately.

B: 나는 매일 운동하려고 노력해.
I try to exercise every day.

A: 나도 운동이 좀 필요해.
I need some exercise, too.

Today's Expression
UNIT 12
managed to ~

1 예문을 읽으면서 오늘의 패턴을 찾아 보세요.

I **managed to** sell my car.	나는 내 차를 가까스로 팔았어.
I **managed to** fix the problem on my own.	나는 그 문제를 혼자서 겨우 해결했어.
She **managed to** escape.	그녀는 겨우 탈출했어.
He **managed to** repair the car by himself.	그는 혼자 힘으로 겨우 그 차를 고쳤어.
They **managed to** get out of the cave.	그들은 그 동굴에서 겨우 탈출했어.

 오늘의 패턴이 어떤 의미인지 확인해 보세요.

✱ managed to + 동사원형

'**가까스로 겨우 ~해냈다**'라는 의미의 표현입니다.
여기에서 manage는 '(힘든 일을) 간신히 해내다' 의 의미의 표현입니다.
우리가 매장이나 식당에서 manager를 통해서 어떤 일을 문의하면 조금 더 신속하게 해결할 수 있듯이 manage는 '어려운 일을 관리하다'의 의미로 해석할 수 있습니다.

WORDS
on one's own 혼자서, 스스로   escape 탈출하다   repair 수리하다   cave 동굴

10분 영어 리얼패턴 **47**

2

아래 우리말을 영어로 말해 보세요.

a. 나는 내 차를 가까스로 팔았어.

b. 나는 그 문제를 혼자서 겨우 해결했어.

c. 그녀는 겨우 탈출했어.

d. 그는 혼자 힘으로 겨우 그 차를 고쳤어.

e. 그들은 그 동굴에서 겨우 탈출했어.

3

배운 표현을 사용해 아래 우리말 문장을 영어로 말해 보세요.

그는 가까스로 시간 안에 도착했어.
···▸ He managed to arrive in time.

그는 가까스로 돈을 좀 벌었어.
···▸ He managed to earn some money.

그는 가까스로 운전면허 시험을 통과했어.
···▸ He managed to pass the driving test.

4

배운 표현을 실제 대화를 통해 연습해 보세요.

A 그 보고서 어떻게 되어가고 있어?
How is the report coming along?

겨우겨우 끝냈어. **B**
I managed to finish it.

A 그거 다시 한 번 검토해 보는 게 좋겠어.
You should go over it again.

Today's Expression
UNIT 13

used to ~

1 예문을 읽으면서 오늘의 패턴을 찾아 보세요.

I **used to** hate carrots.	나는 당근을 싫어했어.
I **used to** wear the glasses.	나는 안경을 쓰곤 했어.
She **used to** study at night.	그녀는 밤에 공부하곤 했어.
She **used to** be a soccer player.	그녀는 축구 선수였어.
He **used to** be a nice boy.	그는 착한 소년이었어.

오늘의 패턴이 어떤 의미인지 확인해 보세요.

✽ used to + 동사원형

'**과거에 ~했었다**'라는 의미의 표현입니다.
과거에는 했었지만 지금은 더 이상 하지 않는다는 의미를 내포하고 있습니다.
따라서 'used to + 동사원형'은 과거의 상태나 행동을 표현합니다.

WORDS
carrot 당근   glasses 안경

2

아래 우리말을 영어로 말해 보세요.

a. 나는 당근을 싫어했어.

b. 나는 안경을 쓰곤 했어.

c. 그녀는 밤에 공부하곤 했어.

d. 그녀는 축구 선수였어.

e. 그는 착한 소년이었어.

3 배운 표현을 사용해 아래 우리말 문장을 영어로 말해 보세요.

나는 담배를 피웠었어.
··→ **I used to** smoke.

나는 10년 동안 관리자였어.
··→ **I used to** be a manager for 10 years.

나는 긴 생머리였어.
··→ **I used to** have long straight hair.

4 배운 표현을 실제 대화를 통해 연습해 보세요.

A 그에게 무슨 일이 있었니? 그는 고생 없이 지내왔어.
What happened to him? He used to be in the sun.

*in the sun 고생 없이

그는 화재로 모든 것을 잃었어. **B**
He lost everything in the fire.

A 오 저런! 그거 끔찍하네!
Oh my god! That's terrible!

52　UNIT 13

Today's Expression
UNIT 14

You'd better ~

1 예문을 읽으면서 오늘의 패턴을 찾아 보세요.

You'd better listen to mom.	엄마 말을 듣는 것이 좋겠어.
You'd better cut down on meat.	고기를 좀 줄이는 것이 좋겠어.
You'd better get some rest.	좀 쉬는 것이 좋겠어.
You'd better finish the report by 7.	이 과제를 7시까지 끝내면 좋겠어.
You'd better hurry up and decide.	서둘러서 결정하는 것이 좋겠어.

 오늘의 패턴이 어떤 의미인지 확인해 보세요.

✼ You'd better + 동사원형

'~하는 게 좋겠다'라는 의미의 표현입니다.
You'd에서 축약된 had가 거의 들리지 않게 You'd를 빠르고 가볍게 발음합니다. 권유나 충고보다 더 강한 경고의 뉘앙스입니다.
자신보다 높은 지위의 사람에게 쓰기는 힘듭니다.
윗사람에게 권유나 제안을 할 때는 should를 사용합니다.

WORDS
cut down 줄이다   hurry up 서두르다   decide 결정하다

2

아래 우리말을 영어로 말해 보세요.

a. 엄마 말을 듣는 것이 좋겠어.

b. 고기를 좀 줄이는 것이 좋겠어.

c. 좀 쉬는 것이 좋겠어.

d. 이 과제를 7시까지 끝내면 좋겠어.

e. 서둘러서 결정하는 것이 좋겠어.

3 배운 표현을 사용해 아래 우리말 문장을 영어로 말해 보세요.

경찰관에게 물어보는 것이 좋겠어.
⋯▸ You'd better ask a police officer.

너는 시간을 지키는 것이 좋겠어.
⋯▸ You'd better be on time.

너는 휴대전화를 끄는 것이 좋겠어.
⋯▸ You'd better turn off your cell phone.

4 배운 표현을 실제 대화를 통해 연습해 보세요.

A: 나 다이어트 해야겠어.
I think I need to go on a diet.

B: 우선, 너는 단 것부터 줄이는 게 좋을 거야.
First, you'd better cut down on sweets.

A: 알아! 근데 나 초콜릿을 너무 좋아하잖아.
I know! But I'm a chocoholic.

Today's Expression
UNIT 15

I'd rather ~

1 예문을 읽으면서 오늘의 패턴을 찾아 보세요.

I'd rather take a nap.	나는 낮잠을 자는 것이 낫겠어.
I'd rather sing than dance.	나는 춤추기보다는 노래를 부르는 것이 낫겠어.
I'd rather wash the dishes.	나는 설거지를 하는 것이 낫겠어.
I'd rather tell the truth.	나는 사실을 말하는 것이 낫겠어.
I'd rather get a new computer than go to a repair shop.	나는 수리점에 가는 것보다 새 컴퓨터를 사는 것이 낫겠어.

 오늘의 패턴이 어떤 의미인지 확인해 보세요.

✼ I'd rather + 동사원형

'**차라리 ~하는 것이 더 낫다**'라는 의미의 표현입니다.
이 패턴은 비교의 뉘앙스가 강해서 'A보다 차라리 B 하는 게 낫겠다'처럼
상대의 의견과 다른 의견을 제시할 때 사용합니다.
이때 I'd rather는 I would rather의 줄임말입니다.

WORDS
rather 꽤, 약간, ~보다   nap 낮잠   repair shop 수리점

2 아래 우리말을 영어로 말해 보세요.

a. 나는 낮잠을 자는 것이 낫겠어.

b. 나는 춤추기보다는 노래를 부르는 것이 낫겠어.

c. 나는 설거지를 하는 것이 낫겠어.

d. 나는 사실을 말하는 것이 낫겠어.

e. 나는 수리점에 가는 것보다 새 컴퓨터를 사는 것이 낫겠어.

3

배운 표현을 사용해 아래 우리말 문장을 영어로 말해 보세요.

차라리 내가 네 차를 고치는 게 낫겠어.
⋯▸ **I'd rather** fix your car.

어머니를 위한 선물을 사는 게 낫겠어.
⋯▸ **I'd rather** buy a gift for my mom.

텔레비전 보는 것보다 책을 읽는 게 낫겠어.
⋯▸ **I'd rather** read a book than watch TV.

4

배운 표현을 실제 대화를 통해 연습해 보세요.

A: 하와이 여행 예약했니?
Did you make a reservation for a trip to Hawaii?

B: 아니, 너무 비쌌어. 우리는 차라리 일본으로 가는 게 낫겠어.
No, it was too expensive. We'd rather go to Japan.

A: 난 일본을 가본 적이 없는데. 잘됐다!
I have never been to Japan. That's nice!

Unit 11-15 Review Quiz

1 다음의 빈 칸에 들어갈 알맞은 말을 쓰세요.

a. 나는 낮잠을 자는 것이 낫겠어.
   I'd rather _____ _____ _____.

b. 서둘러서 결정하는 것이 좋겠어.
   You'd better _____ _____ _____.

c. 나는 안경을 쓰곤 했어.
   _____ **used to** _____ _____ _____.

2 다음의 우리말을 영어로 옮기세요.

a. 나는 시간을 잘 지키려고 노력했어.
→ _____

b. 그는 가까스로 시간 안에 도착했어.
→ _____

3 우리말과 같은 뜻이 되도록 주어진 단어를 배열하여 문장을 완성하세요.

a. rather   I'd   tell   the truth.
→ _____
나는 사실을 말하는 것이 낫겠어.

b. the cave.   get   They   out of   managed to
→ _____
그들은 그 동굴에서 겨우 탈출했어.

Today's Expression
UNIT 16

I'm here to ~

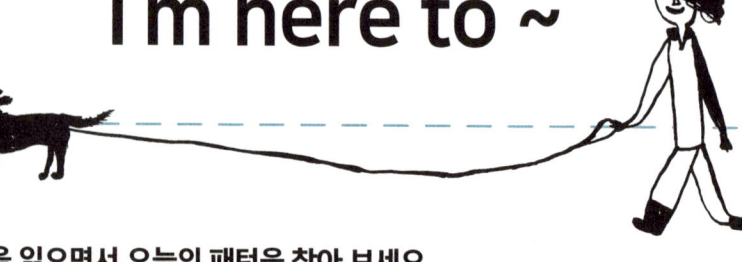

1 예문을 읽으면서 오늘의 패턴을 찾아 보세요.

I'm here to see you.	나는 여기에 너를 보러 왔어.
I'm here to buy a book.	나는 여기에 책을 사러 왔어.
I'm here to apply for the job.	나는 여기에 일자리를 구하러 왔어.
I'm here to take a test.	나는 여기에 시험을 치러 왔어.
I'm here to create.	나는 여기에 새로운 나를 만들러 왔어.

 오늘의 패턴이 어떤 의미인지 확인해 보세요.

✱ I'm here to + 동사원형

'**나는 ~하러 여기에 왔다**'라는 의미의 표현입니다.
본인이 특정한 장소에 무엇인가를 하러 왔음을 강하게 이야기할 때 사용합니다.

WORDS
apply 신청하다, 지원하다   **create** 창조하다, 만들다

2

아래 우리말을 영어로 말해 보세요.

a. 나는 여기에 너를 보러 왔어.

b. 나는 여기에 책을 사러 왔어.

c. 나는 여기에 일자리를 구하러 왔어.

d. 나는 여기에 시험을 치러 왔어.

e. 나는 여기에 새로운 나를 만들러 왔어.

3

배운 표현을 사용해 아래 우리말 문장을 영어로 말해 보세요.

나는 여기에 내 책을 되돌려 받으러 왔어.
… **I'm here to** take back my book.

나는 여기에 커피 좀 마시러 왔어.
… **I'm here to** get some coffee.

나는 여기에 건강검진을 받으러 왔어.
… **I'm here to** have a medical check-up.

* medical check-up 건강검진

4

배운 표현을 실제 대화를 통해 연습해 보세요.

  A
도움이 필요하신가요?
May I help you?

네, 저는 여기에 Parker씨를 만나러 왔어요.
Yes, I'm here to meet Mr. Parker.   B

A 잠시만 기다려 주시겠어요?
Could you wait for a second, please?

Today's Expression
UNIT 17 I think you should ~

예문을 읽으면서 오늘의 패턴을 찾아 보세요.

I think you should go now.	너는 지금 가는 것이 좋겠어.
I think you should take a break.	너는 휴식을 취하는 것이 좋겠어.
I think you should see a doctor.	너는 병원에 가보는 것이 좋겠어.
I think you should finish your report.	너는 보고서를 끝내는 것이 좋겠어.
I think you should study harder to pass the exam.	너는 시험에 합격하기 위해 공부를 더 열심히 하는 것이 좋겠어.

오늘의 패턴이 어떤 의미인지 확인해 보세요.

✽ I think you should + 동사원형

'**~하는 것이 좋겠다**'라는 의미의 표현입니다.
직역하면 '너는 ~해야 할 것 같다, ~해야 한다고 생각한다'라는 의미로
상대방이 마땅히 해야 한다고 생각하는 일에 대해 나의 의견을 말할 때 쓰는
표현입니다.

WORDS
take a break 휴식을 취하다   harder 더 열심히

10분 영어 리얼패턴

2

아래 우리말을 영어로 말해 보세요.

a. 너는 지금 가는 것이 좋겠어.

b. 너는 휴식을 취하는 것이 좋겠어.

c. 너는 병원에 가보는 것이 좋겠어.

d. 너는 보고서를 끝내는 것이 좋겠어.

e. 너는 시험에 합격하기 위해 공부를 더 열심히 하는 것이 좋겠어.

3

배운 표현을 사용해 아래 우리말 문장을 영어로 말해 보세요.

너는 옷을 갈아입는 것이 좋겠어.
⋯▸ I think you should change your clothes.

너는 그 신문을 보는 것이 좋겠어.
⋯▸ I think you should read the newspaper.

너는 일기를 쓰는 것이 좋겠어.
⋯▸ I think you should keep a diary.

4

배운 표현을 실제 대화를 통해 연습해 보세요.

A 너 안색이 안 좋아 보여. 너 병원에 가보는 것이 좋겠어.
**You don't look well.
I think you should go to see a doctor.**

B 알아, 하지만 난 너무 바빠서 거기에 갈 수가 없어.
I know, but I'm so busy that I can't go there.

A 건강이 가장 중요한 거야.
Health is the most important thing.

Today's Expression
UNIT 18

It's time to ~

1 예문을 읽으면서 오늘의 패턴을 찾아 보세요.

It's time to play the game.	이제 승부를 낼 때야.
It's time to have dinner.	이제 저녁을 먹을 때야.
It's time to start packing.	이제 짐을 쌀 때야.
It's time to think about your future.	이제 너의 미래에 대해 생각할 때야.
It's time to say goodbye.	이제 헤어질 시간이야.

오늘의 패턴이 어떤 의미인지 확인해 보세요.

✽ It's time to + 동사원형

'**~할 시간이다, ~할 때이다**'라는 의미의 표현입니다.
상대방에게 제안이나 조언을 하고 싶을 때 사용합니다.

WORDS
packing 짐 싸기   think about ~에 대해 생각하다

2 아래 우리말을 영어로 말해 보세요.

a. 이제 승부를 낼 때야.

b. 이제 저녁을 먹을 때야.

c. 이제 짐을 쌀 때야.

d. 이제 너의 미래에 대해 생각할 때야.

e. 이제 헤어질 시간이야.

3

배운 표현을 사용해 아래 우리말 문장을 영어로 말해 보세요.

이제 일어날 시간이야.
··▸ **It's time to** get up.

이제 끝낼 시간이야.
··▸ **It's time to** wrap it up.

이제 방학을 즐길 시간이야.
··▸ **It's time to** enjoy the vacation.

4

배운 표현을 실제 대화를 통해 연습해 보세요.

A: 너의 오래된 집은 어때?
How about your old house?

B: 나쁘지는 않아, 하지만 개조할 때라고 생각해.
It's not so bad, but I think it's time to remodel.

A: 우선 너의 예산을 고려해야 해.
You should consider your budget first.

*budget 예산

Today's Expression
UNIT 19

It takes me time to ~

1 예문을 읽으면서 오늘의 패턴을 찾아 보세요.

It takes me time to clean the house.   집을 청소하는 데 시간이 걸려.

It takes me time to finish the homework.   숙제를 끝내는 데 시간이 걸려.

It takes me time to learn new things.   새로운 것을 배우는 데 시간이 걸려.

It takes me time to read the book.   그 책을 읽는 데 시간이 걸려.

It takes me time to fix the computer.   그 컴퓨터를 수리하는 데 시간이 걸려.

 오늘의 패턴이 어떤 의미인지 확인해 보세요.

✵ It takes me time to + 동사원형

'**~하는 데 시간이 걸리다**'라는 의미의 표현입니다.
'It takes + 사람 + 시간 + to 동사원형'은 또한
'It takes + 시간 + for 사람 + to 동사원형'으로 바꿔 쓸 수 있습니다.

WORDS
fix 수리하다

2 아래 우리말을 영어로 말해 보세요.

a. 집을 청소하는 데 시간이 걸려.

b. 숙제를 끝내는 데 시간이 걸려.

c. 새로운 것을 배우는 데 시간이 걸려.

d. 그 책을 읽는 데 시간이 걸려.

e. 그 컴퓨터를 수리하는 데 시간이 걸려.

3. 배운 표현을 사용해 아래 우리말 문장을 영어로 말해 보세요.

새로운 언어를 배우는 것은 시간이 걸려.
… It takes me time to learn a new language.

준비하는 데 시간이 걸려.
… It takes me time to get ready.

좋은 책을 찾는 데 시간이 걸려.
… It takes me time to find a great book.

4. 배운 표현을 실제 대화를 통해 연습해 보세요.

A 왜 이렇게 오래 걸렸어? 한 시간 동안을 기다리는 중이었어.
**What took you so long?
I have been waiting for an hour.**

너의 집을 찾는 데 시간이 걸렸어. **B**
It took me time to find your house.

A 전에 여기에 여러 번 와본 적이 있잖아.
You have been here several times before.

Today's Expression
UNIT 20

make sure to ~

1 예문을 읽으면서 오늘의 패턴을 찾아 보세요.

Make sure to keep it a secret.	비밀을 꼭 지키도록 해.
Make sure to turn on the TV at 7:30 AM.	오전 7시 30분에 꼭 TV를 켜도록 해.
Make sure to give us a call.	우리에게 꼭 전화를 주도록 해.
Make sure to wear a life jacket.	구명조끼를 꼭 입도록 해.
Make sure to bring a hat and sunscreen.	모자와 자외선 차단제를 꼭 가지고 오도록 해.

오늘의 패턴이 어떤 의미인지 확인해 보세요.

✼ Make sure to + 동사원형

'**꼭 ~하도록 해라**'라는 의미의 표현입니다.
비즈니스 회화나 상사와 부하직원 사이에서 많이 사용됩니다.
그래서 이 표현은 약간의 명령조나 부탁의 의미로 주로 쓰입니다.

WORDS
turn on 켜다　life jacket 구명 조끼　sunscreen 자외선차단제

2

아래 우리말을 영어로 말해 보세요.

a. 비밀을 꼭 지키도록 해.

b. 오전 7시 30분에 꼭 TV를 켜도록 해.

c. 우리에게 꼭 전화를 주도록 해.

d. 구명조끼를 꼭 입도록 해.

e. 모자와 자외선 차단제를 꼭 가지고 오도록 해.

3

배운 표현을 사용해 아래 우리말 문장을 영어로 말해 보세요.

비누로 손을 씻어야만 해.
⋯▸ **Make sure to** wash your hands with soap.

어두워지기 전에 돌아와야 해.
⋯▸ **Make sure to** come back home before dark.

같은 기계를 사용하도록 해.
⋯▸ **Make sure to** use the same machine.

4

배운 표현을 실제 대화를 통해 연습해 보세요.

A 나 갈게.
I'm leaving.

너 꼭 열쇠 가져와야 해. **B**
Make sure to bring your key.

A 당연하지. 10분 후에 올게.
Of course. I'll be back in 10 minutes.

Unit 16~20   **Review Quiz**

1 다음의 빈 칸에 들어갈 알맞은 말을 쓰세요.

a. 그 책을 읽는데 시간이 걸려.
It takes me time to _____.

b. 우리에게 꼭 전화를 주도록 해.
Make sure to _____.

c. 이제 헤어질 시간이야.
It's time to _____.

2 다음의 우리말을 영어로 옮기세요.

a. 나는 여기에 커피를 마시러 왔어.
→ _____

b. 너는 일기를 쓰는 것이 좋겠어.
→ _____

3 우리말과 같은 뜻이 되도록 주어진 단어를 배열하여 문장을 완성하세요.

a. Make　life jacket.　to wear　a　sure
→ _____
구명조끼를 꼭 입도록 해.

b. for　I'm　to apply　the job.　here
→ _____
나는 여기에 일자리를 구하러 왔어.

3

UNIT 21 _ **Can you ~?** ~해도 되나요?, ~할 수 있나요?

UNIT 22 _ **Would you ~?** ~하시겠어요?, ~해 주시겠어요?

UNIT 23 _ **Can I ~?** 내가 ~해도 되나요?

UNIT 24 _ **May I ~?** 제가 ~해도 될까요?

UNIT 25 _ **Shall we ~?** 우리 ~할까?

Review Quiz

UNIT 26 _ **Do you ~?** 너는 ~하니?

UNIT 27 _ **Do you want to ~?** 너는 ~하고 싶니?

UNIT 28 _ **Do I have to ~?** 내가 ~해야 하니?

UNIT 29 _ **Are you free to ~?** 너는 ~할 시간 되니?

UNIT 30 _ **Are you going to ~?** 너는 ~할 거니?, 너는 ~힐 계획이니?

Review Quiz

Today's Expression
UNIT 21

Can you ~?

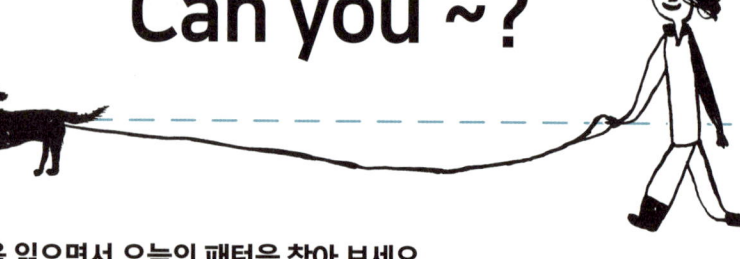

1 예문을 읽으면서 오늘의 패턴을 찾아 보세요.

Can you tell me the time?	몇 시인지 알려줄래?
Can you tell me one more time?	다시 한 번 말해줄래?
Can you bring me some water?	나에게 물 좀 가져다줄래?
Can you give me a call?	나에게 전화 한 통 해줄래?
Can you show me the way to your office?	네 사무실 가는 길을 알려줄래?

 오늘의 패턴이 어떤 의미인지 확인해 보세요.

✽ Can you + 동사원형?

'**~해도 되나요?, ~할 수 있나요?**'라는 의미의 표현입니다.
'할 수 있다'라는 조동사 can을 사용하여 상대방의 능력이나 가능성을
물을 수도 있고, 부탁이나 요청을 할 수도 있습니다.

WORDS
bring 가져오다   give a call 전화하다   show 보여주다   way 길   office 사무실

2 아래 우리말을 영어로 말해 보세요.

a. 몇 시인지 알려줄래?

b. 다시 한 번 말해줄래?

c. 나에게 물 좀 가져다줄래?

d. 나에게 전화 한 통 해줄래?

e. 네 사무실 가는 길을 알려줄래?

3

배운 표현을 사용해 아래 우리말 문장을 영어로 말해 보세요.

나를 집에 데려다줄래?
⋯▶ Can you take me home?

나를 위해 이걸 해줄래?
⋯▶ Can you do this for me?

나를 마중 나올 수 있니?
⋯▶ Can you pick me up?

4

배운 표현을 실제 대화를 통해 연습해 보세요.

A 내가 말하는 거 이해하니?
Do you understand what I'm saying?

B 미안하지만, 다시 한 번 말해 줄 수 있니?
I'm sorry, but can you tell me one more time?

A 집중해서 잘 들어봐. 한 번 더 이야기할게.
Listen carefully. Let me tell you one more time.

Today's Expression
UNIT 22

Would you ~?

1 예문을 읽으면서 오늘의 패턴을 찾아 보세요.

Would you like a ride?	드라이브 하시겠어요?
Would you like some coffee or tea?	커피나 차 한 잔 하시겠어요?
Would you help me?	나를 도와주시겠어요?
Would you show me your ID?	신분증 좀 보여주시겠어요?
Would you keep it a secret?	그거 비밀로 해 주시겠어요?

오늘의 패턴이 어떤 의미인지 확인해 보세요.

✣ Would you + 동사원형?

'~하시겠어요?, ~해 주시겠어요?'라는 의미의 표현입니다.
예의를 갖춰서 공손하게 부탁할 때 사용하며, would 대신 could를
사용할 수도 있습니다. (Would you ~?, Could you ~?는 Will you ~?,
Can you ~? 보다 공손한 표현)

WORDS
ride 타다, 몰다   ID 신분증 (= identity 또는 identification의 약어)   keep a secret 비밀을 지키다

10분 영어 리얼패턴

2

아래 우리말을 영어로 말해 보세요.

a. 드라이브 하시겠어요?

b. 커피나 차 한 잔 하시겠어요?

c. 나를 도와주시겠어요?

d. 신분증 좀 보여주시겠어요?

e. 그거 비밀로 해 주시겠어요?

3

배운 표현을 사용해 아래 우리말 문장을 영어로 말해 보세요.

저랑 데이트 하시겠어요?
⋯▶ **Would you** go out with me?

저를 기다려 주시겠어요?
⋯▶ **Would you** wait for me?

오늘밤 저에게 전화해 주시겠어요?
⋯▶ **Would you** call me tonight?

4

배운 표현을 실제 대화를 통해 연습해 보세요.

A 차가 막힐 것 같아요.
There would be a heavy traffic jam.

B 더 일찍 떠나도 괜찮으시겠어요?
Would you mind leaving earlier?

A 네, 좋아요. 전 준비 됐어요.
No, not at all. I'm ready.

Today's Expression
UNIT 23

Can I ~?

1 예문을 읽으면서 오늘의 패턴을 찾아 보세요.

Can I try this on?	이거 입어봐도 되나요?
Can I ask you a favor?	나 부탁 하나 해도 될까?
Can I borrow your book?	네 책 빌려도 될까?
Can I see the menu?	메뉴 좀 볼 수 있나요?
Can I get some water?	나 물 좀 줄 수 있니?

 오늘의 패턴이 어떤 의미인지 확인해 보세요.

✼ Can I + 동사원형?

'내가 ~해도 되나요?'라는 의미의 표현입니다.
허락을 구할 때 사용하는 표현으로, 비교적 가까운 사람들과 편하게
사용할 수 있습니다.

WORDS
try on 입어보다   **ask a favor** 부탁하다   **borrow** 빌리다

2

아래 우리말을 영어로 말해 보세요.

a. 이거 입어봐도 되나요?

b. 나 부탁 하나 해도 될까?

c. 네 책 빌려도 될까?

d. 메뉴 좀 볼 수 있나요?

e. 나 물 좀 줄 수 있니?

3
배운 표현을 사용해 아래 우리말 문장을 영어로 말해 보세요.

그거 나중에 해도 될까?
⋯▶ **Can I** do it later?

너를 그에게 소개해도 될까?
⋯▶ **Can I** introduce you to him?

너랑 이야기할 수 있어?
⋯▶ **Can I** talk to you?

4
배운 표현을 실제 대화를 통해 연습해 보세요.

A 너에게 부탁 하나 해도 될까?
Can I ask you a favor?

물론이지. 뭔데 그래? **B**
Sure. What is it?

A 내일 공항에 나 좀 마중 나올 수 있니?
Can you pick me up at the airport tomorrow?

Today's Expression
UNIT 24

May I ~?

1 예문을 읽으면서 오늘의 패턴을 찾아 보세요.

May I help you?	도와드릴까요?
May I take your order?	주문 받아도 될까요?
May I ask you a favor?	제가 부탁 하나 드려도 될까요?
May I have the bill?	계산서 좀 주시겠어요?
May I have your phone number?	전화번호 좀 알려 주시겠어요?

오늘의 패턴이 어떤 의미인지 확인해 보세요.

✽ May I + 동사원형?

'제가 ~해도 될까요?'라는 의미의 표현입니다.
상대방에게 정중히 허락을 구할 때 사용합니다.
(Can I ~? 보다 더 격식 있는 표현)

WORDS
order 주문   favor 부탁   bill 계산서

2 아래 우리말을 영어로 말해 보세요.

a. 도와드릴까요?

b. 주문 받아도 될까요?

c. 제가 부탁 하나 드려도 될까요?

d. 계산서 좀 주시겠어요?

e. 전화번호 좀 알려 주시겠어요?

배운 표현을 사용해 아래 우리말 문장을 영어로 말해 보세요.

대화 좀 할 수 있을까요?
⋯▸ May I have a word?

당신의 휴대전화를 사용할 수 있을까요?
⋯▸ May I use your cell phone?

여권을 볼 수 있을까요?
⋯▸ May I see your passport?

배운 표현을 실제 대화를 통해 연습해 보세요.

A: 실례합니다. 제가 들어가도 될까요?
Excuse me. May I come in?

B: 그럼요. 들어오세요. 밖은 춥잖아요.
Sure. Please come in. It's freezing outside.

A: 고맙습니다. 친절하시네요.
Thank you. How nice of you.

Today's Expression
UNIT 25

Shall we ~?

1

예문을 읽으면서 오늘의 패턴을 찾아 보세요.

Shall we dance?	우리 춤출까?
Shall we have a cup of coffee?	우리 커피 한 잔 할까?
Shall we go hiking this Sunday?	우리 이번 일요일에 등산 갈까?
Shall we meet at the restaurant at 6 p.m.?	우리 식당에서 6시에 만날까?
Shall we get down to business?	우리 본론으로 들어가 볼까?

오늘의 패턴이 어떤 의미인지 확인해 보세요.

✼ Shall we + 동사원형?

'**우리 ~할까?**'라는 의미의 표현입니다.
제안할 때 쓰는 표현으로 'Let's + 동사원형'과 같은 뜻으로
해석할 수 있습니다.

WORDS
a cup of ~ 한 잔   hike 등산하다   get down to business 본론으로 들어가다

2

아래 우리말을 영어로 말해 보세요.

a. 우리 춤출까?

b. 우리 커피 한 잔 할까?

c. 우리 이번 일요일에 등산 갈까?

d. 우리 식당에서 6시에 만날까?

e. 우리 본론으로 들어가 볼까?

3

배운 표현을 사용해 아래 우리말 문장을 영어로 말해 보세요.

우리 테니스 칠까?
⋯▶ **Shall we** play tennis?

우리 잠깐 대화 좀 할까?
⋯▶ **Shall we** have a little chat?

우리 산책할까?
⋯▶ **Shall we** take a walk?

4

배운 표현을 실제 대화를 통해 연습해 보세요.

A 주문부터 하자. 뭐 먹을래?
Let's order first. What do you want to have?

미안하지만 나 지금 좀 바빠. **B**
I'm sorry, but I am a little busy.

A 그럼 본론으로 바로 들어갈까?
Shall we get down to business?

Unit 21~25   R e v i e w   Q u i z

1 다음의 빈 칸에 들어갈 알맞은 말을 쓰세요.

a. 나에게 물 좀 가져다 줄래?
Can you _____ ?

b. 그거 비밀로 해 주시겠어요?
Would you _____ ?

c. 우리 본론으로 들어가 볼까?
Shall we _____ ?

2 다음의 우리말을 영어로 옮기세요.

a. 그거 나중에 해도 될까?
→ _____

b. 여권을 볼 수 있을까요?
→ _____

3 우리말과 같은 뜻이 되도록 주어진 단어를 배열하여 문장을 완성하세요.

a. coffee   Would you   some   like   or tea?
→ _____
커피나 차 한 잔 하시겠어요?

b. this   go hiking   Shall we   Sunday?
→ _____
우리 이번 일요일에 등산 갈까?

Today's Expression
UNIT 26

Do you ~?

1 예문을 읽으면서 오늘의 패턴을 찾아 보세요.

Do you go jogging every morning?	너는 매일 아침에 조깅하러 가니?
Do you go to church?	너는 교회 다니니?
Do you like Chinese food?	너는 중국 음식 좋아하니?
Do you keep a diary?	너는 일기 쓰니?
Do you hang out with your friends on the weekend?	너는 주말에 친구들과 어울려 노니?

 오늘의 패턴이 어떤 의미인지 확인해 보세요.

✲ Do you + 동사원형?

'너는 ~하니?'라는 의미의 표현입니다.
상대방에게 일상적으로 하는 일에 대해 물어볼 때 사용합니다.

WORDS
jog 조깅하다   church 교회   Chinese 중국의   keep a diary 일기 쓰다   hang out with ~와 어울려 놀다
weekend 주말

2 아래 우리말을 영어로 말해 보세요.

a. 매일 아침에 조깅하러 가니?

b. 교회 다니니?

c. 중국 음식 좋아하니?

d. 일기 쓰니?

e. 주말에 친구들과 어울려 노니?

3

배운 표현을 사용해 아래 우리말 문장을 영어로 말해 보세요.

그 남자 아니?
…▸ **Do you** know him?

매일 요리하니?
…▸ **Do you** cook every day?

물 좀 마시고 싶니?
…▸ **Do you** want some water?

4

배운 표현을 실제 대화를 통해 연습해 보세요.

A 주말마다 친구들과 어울려 노니?
Do you hang out with your friends every weekend?

응, 정말 재밌어.
Yeah, it is so much fun. **B**

A 보통 뭐하고 놀아?
What do you usually do?

Today's Expression
UNIT 27
Do you want to ~?

1 예문을 읽으면서 오늘의 패턴을 찾아 보세요.

Do you want to sit here?   너는 여기 앉고 싶니?

Do you want to eat out with me?   너는 나랑 외식하고 싶니?

Do you want to be a nice guy?   너는 멋진 남자가 되고 싶니?

Do you want to drink some coffee?   너는 커피 좀 마시고 싶니?

Do you want to improve your English skill?   너는 영어 실력을 향상시키고 싶니?

오늘의 패턴이 어떤 의미인지 확인해 보세요.

✱ Do you want to + 동사원형?

'너는 ~하고 싶니?'라는 의미의 표현입니다.
want to를 줄여서 wanna로 발음할 수 있습니다.

WORDS
sit 앉다   eat out 외식하다   improve 향상시키다   skill 능력

10분 영어 리얼패턴   **97**

2 아래 우리말을 영어로 말해 보세요.

a. 여기 앉고 싶니?

b. 나랑 외식하고 싶니?

c. 멋진 남자가 되고 싶니?

d. 커피 좀 마시고 싶니?

e. 영어 실력을 향상시키고 싶니?

3. 배운 표현을 사용해 아래 우리말 문장을 영어로 말해 보세요.

우리랑 같이 하고 싶니?
⋯▸ **Do you want to** join us?

이 영화 보고싶니?
⋯▸ **Do you want to** watch this movie?

새 차 사고싶니?
⋯▸ **Do you want to** buy a new car?

4. 배운 표현을 실제 대화를 통해 연습해 보세요.

A 이거 정말 맛있다. 어떻게 만든 거야?
This is really delicious. How did you make this?

비밀 요리법이야. 알고 싶니? **B**
It's a secret recipe. Do you want to know?

A 응, 알고 싶어. 내 남자친구를 위해 만들어주고 싶어.
Yes, I do. I want to make it for my boyfriend.

Today's Expression
UNIT 28

Do I have to ~?

1 예문을 읽으면서 오늘의 패턴을 찾아 보세요.

Do I have to leave now?	나 지금 떠나야 하니?
Do I have to do this?	내가 이걸 해야 하니?
Do I have to take the test?	내가 그 시험을 봐야 하니?
Do I have to write up the report?	내가 보고서를 작성해야 하니?
Do I have to work out?	나 운동해야 하니?

오늘의 패턴이 어떤 의미인지 확인해 보세요.

❋ Do I have to + 동사원형?

'내가 ~해야 하니?'라는 의미의 표현입니다.
have to는 '~해야 한다'의 의미로 의무를 나타냅니다.

WORDS
leave 떠나다   take the test 시험을 보다   report 보고서   work out 운동하다

2

아래 우리말을 영어로 말해 보세요.

a. 나 지금 떠나야 하니?

b. 내가 이걸 해야 하니?

c. 내가 그 시험을 봐야 하니?

d. 내가 보고서를 작성해야 하니?

e. 나 운동해야 하니?

3

배운 표현을 사용해 아래 우리말 문장을 영어로 말해 보세요.

내가 이거 계산해야 하니?
⋯▸ **Do I have to** pay for this?

나 일찍 돌아와야 하니?
⋯▸ **Do I have to** come back early?

나 계속 해야 하니?
⋯▸ **Do I have to** keep going?

4

배운 표현을 실제 대화를 통해 연습해 보세요.

A: 나 머리가 아파. 나 약을 먹어야 할까?
I have a headache. Do I have to take medicine?

B: 먼저 진찰부터 받아야 해.
You have to go see a doctor first.

A: 네가 맞아.
You're right.

Today's Expression
UNIT 29
Are you free to ~?

예문을 읽으면서 오늘의 패턴을 찾아 보세요.

Are you free to talk for a minute?	너는 잠깐 이야기할 시간이 되니?
Are you free to do this?	너는 이거 할 시간이 되니?
Are you free to hang out?	너는 어울려 놀 시간이 되니?
Are you free to meet?	너는 만날 시간이 되니?
Are you free to take a call?	너는 전화받을 시간이 되니?

오늘의 패턴이 어떤 의미인지 확인해 보세요.

✽ Are you free to + 동사원형?

'**너는 ~할 시간 되니?**'라는 의미의 표현입니다.
free는 '자유로운, 무료의'라는 의미의 형용사로 free time(자유시간),
free wifi zone(무료사용 가능한 와이파이 공간) 등에 쓰입니다.
'Are you free?'라고 질문하면 '너는 시간이 되니?'라는 뜻이 됩니다.

WORDS
minute 분   meet 만나다   take a call 전화 받다

10분 영어 리얼패턴 **103**

2. 아래 우리말을 영어로 말해 보세요.

a. 잠깐 이야기할 시간 되니?

b. 이거 할 시간 되니?

c. 어울려 놀 시간 되니?

d. 만날 시간 되니?

e. 전화 받을 시간이 되니?

3

배운 표현을 사용해 아래 우리말 문장을 영어로 말해 보세요.

나랑 저녁 먹을 시간 되니?
⋯▸ **Are you free to** join me for dinner?

그곳에 들를 시간 되니?
⋯▸ **Are you free to** drop by there?

나에게 전화할 시간 되니?
⋯▸ **Are you free to** call me?

4

배운 표현을 실제 대화를 통해 연습해 보세요.

A: 잠깐 이야기할 시간 되니?
Are you free to talk for a minute?

B: 물론이지. 무슨 일이야?
Sure. What's up?

A: 별건 아니야. 그냥 Ben의 생일 파티에 대해 얘기하고 싶어서.
Nothing much. I just want to talk about Ben's birthday party.

Today's Expression
UNIT 30

Are you going to ~?

1 예문을 읽으면서 오늘의 패턴을 찾아 보세요.

Are you going to study English?	너는 영어 공부할 거니?
Are you going to buy a new car?	너는 새 차 살 거니?
Are you going to call him?	너는 그에게 전화할 거니?
Are you going to go shopping?	너는 쇼핑할 거니?
Are you going to visit your grandmother this weekend?	너는 이번 주말에 할머니 뵈러 갈 거니?

오늘의 패턴이 어떤 의미인지 확인해 보세요.

✼ Are you going to + 동사원형?

'너는 ~할 거니?, 너는 ~할 계획이니?'라는 의미의 표현입니다. 계획된 미래에 대해 질문할 때 사용합니다. 대답은 'Yes, I am.' 또는 'No, I'm not.'으로 합니다.

WORDS
go shopping 쇼핑하다   visit 방문하다

2

아래 우리말을 영어로 말해 보세요.

a. 너 영어 공부할 거니?

b. 너 새 차 살 거니?

c. 너 그에게 전화할 거니?

d. 너 쇼핑할 거니?

e. 너 이번 주말에 할머니 뵈러 갈 거니?

3

배운 표현을 사용해 아래 우리말 문장을 영어로 말해 보세요.

너 오늘 외식할 거니?
⋯▸ **Are you going to** eat out today?

너 스키 타러 갈 거니?
⋯▸ **Are you going to** go skiing?

너 시드니를 떠날 거니?
⋯▸ **Are you going to** leave Sydney?

4

배운 표현을 실제 대화를 통해 연습해 보세요.

A: Jenna는 정말 훌륭한 요리사야, 그렇지 않니?
Jenna is such a great cook, isn't she?

B: 응, 맞아. 그런데 너 그거 먹을 거니?
Yes, she is. By the way, are you going to eat that?

A: 아니, 난 배불러. 너 먹어도 돼.
No, I'm full. You can have it.

Unit 26~30 Review Quiz

1

다음의 빈 칸에 들어갈 알맞은 말을 쓰세요.

a. 나랑 외식하고 싶니?
Do you want to _____ _____ _____ ?

b. 어울려 놀 시간 되니?
Are you free to _____ _____ ?

c. 너 그에게 전화 할 거니?
Are you going to _____ _____ ?

2

다음의 우리말을 영어로 옮기세요.

a. 매일 요리하니?
→ _____

b. 내가 이거 계산해야 하니?
→ _____

3

우리말과 같은 뜻이 되도록 주어진 단어를 배열하여 문장을 완성하세요.

a. | improve | Do you | English skill? | want to | your |
→ _____
영어 실력을 향상시키고 싶니?

b. | going to | a new car? | Are | buy | you |
→ _____
너 새 차 살 거니?

4

UNIT 31 _ **What [Noun] ~?** 어떤 (명사)를 ~하니?

UNIT 32 _ **What did you ~?** 너는 무엇을 ~했니?

UNIT 33 _ **How did you ~?** 너는 어떻게(어쩌다) ~했니?

UNIT 34 _ **How often do you ~?** 얼마나 자주 ~하니?

UNIT 35 _ **How long does it take to ~?** ~하는 데 얼마나 걸리니?

　　　　Review Quiz

UNIT 36 _ **When is ~?** ~은 언제야?

UNIT 37 _ **Where can I ~?** 어디서 ~할 수 있지?, 어디서 ~하면 되지?

UNIT 38 _ **Who [verb] ~?** 누가 ~할래?, 누가 ~하니?

UNIT 39 _ **Why not ~?** ~하는 게 어때서?, ~하는 게 어때?

UNIT 40 _ **Why did you ~?** 왜 ~했니?

　　　　Review Quiz

Today's Expression
UNIT 31

What [Noun] ~?

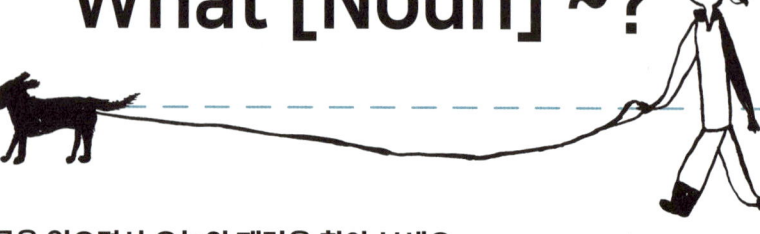

1 예문을 읽으면서 오늘의 패턴을 찾아 보세요.

What song do you want to hear?	어떤 노래를 듣고 싶니?
What food do you like the most?	어떤 음식을 가장 좋아하니?
What movie do you want to see?	어떤 영화를 보고 싶니?
What color do you like the most?	어떤 색깔을 가장 좋아하니?
What project are you working on?	어떤 프로젝트를 진행하고 있니?

오늘의 패턴이 어떤 의미인지 확인해 보세요.

❖ What + 명사?

'**어떤 명사를 ~하니?**'라는 의미의 표현입니다.
what 뒤에 어떤 명사가 오는지에 따라 다른 질문이 만들어 집니다.
명사 뒤에는 do you~ 또는 are you~로 시작하는 의문문을 붙여
질문합니다.

WORDS
hear 듣다   the most 가장, 제일   color 색, 색깔   work on ~에 노력하다, 착수하다

2

아래 우리말을 영어로 말해 보세요.

a. 어떤 노래를 듣고 싶니?

b. 어떤 음식을 가장 좋아하니?

c. 어떤 영화를 보고 싶니?

d. 어떤 색깔을 가장 좋아하니?

e. 어떤 프로젝트를 진행하고 있니?

3

배운 표현을 사용해 아래 우리말 문장을 영어로 말해 보세요.

어떤 과일을 가장 좋아하니?
⋯▶ **What fruit** do you like the most?

어떤 운동을 하니?
⋯▶ **What sport** do you play?

어떤 팀에 속해 있니?
⋯▶ **What team** are you in?

4

배운 표현을 실제 대화를 통해 연습해 보세요.

A 우리 영화 보러 가자.
Let's go see a movie.

B 좋아. 어떤 영화 보고싶니?
I'd love to.
What movie do you want to see?

A 타이타닉이 재개봉했다고 들었어.
I heard that *Titanic* has been re-released recently.

Today's Expression
UNIT 32

What did you ~?

1 예문을 읽으면서 오늘의 패턴을 찾아 보세요.

What did you do last weekend? 너는 지난 주말에 뭐 했니?

What did you do with the money? 너는 그 돈 가지고 뭐 했니?

What did you study at college? 너는 대학에서 무엇을 공부했니?

What did you have for breakfast? 너는 아침식사로 무엇을 먹었니?

What did you buy for your mother's birthday? 너희 어머니 생신 선물로 무엇을 샀니?

오늘의 패턴이 어떤 의미인지 확인해 보세요.

✱ What did you + 동사원형?

'너는 무엇을 ~했니?'라는 의미의 표현입니다.
did는 do의 과거형으로, 과거시제를 나타냅니다.

WORDS
last weekend 지난 주말   money 돈   college 대학   buy 사다

10분 영어 리얼패턴 **115**

2

아래 우리말을 영어로 말해 보세요.

a. 너 지난 주말에 뭐 했니?

b. 너 그 돈 가지고 뭐 했니?

c. 너 대학에서 무엇을 공부했니?

d. 너 아침식사로 무엇을 먹었니?

e. 너희 어머니 생신 선물로 무엇을 샀니?

배운 표현을 사용해 아래 우리말 문장을 영어로 말해 보세요.

너 뭐라고 말했니?
⋯▸ What did you say?

너 무슨 요리를 했니?
⋯▸ What did you cook?

너 무엇을 가져왔니?
⋯▸ What did you bring with you?

배운 표현을 실제 대화를 통해 연습해 보세요.

A — 오늘 정말 지친다. 집에 가서 좀 쉬고 싶어.
**I'm so exhausted today.
I want to get some rest at home.**

B — 어제 뭐 했니?
What did you do yesterday?

A — 밤새 보고서 작성을 했어.
I worked on the report all night.

Today's Expression
UNIT 33

How did you ~?

1 예문을 읽으면서 오늘의 패턴을 찾아 보세요.

How did you get here?	너는 여기에 어떻게 왔니?
How did you guys meet?	너희들 어떻게 만났니?
How did you come up with that idea?	너는 어떻게 그런 생각을 해냈니?
How did you lose weight?	너는 어떻게 살을 뺐니?
How did you get my number?	내 전화번호는 어떻게 알았니?

오늘의 패턴이 어떤 의미인지 확인해 보세요.

✼ How did you + 동사원형?

'너는 어떻게(어쩌다) ~했니?'라는 의미의 표현입니다.
의문사 how는 '어떻게'라는 뜻이고, do의 과거형 did를 사용했기 때문에 과거의 일을 어떻게 했는지 묻는 표현입니다.

WORDS
come up with ~를 떠올리다   lose 빼다, 잃다   weight 몸무게

2

아래 우리말을 영어로 말해 보세요.

a. 너는 여기에 어떻게 왔니?

b. 너희들 어떻게 만났니?

c. 너는 어떻게 그런 생각을 해냈니?

d. 너는 어떻게 살을 뺐니?

e. 내 전화번호는 어떻게 알았니?

3

배운 표현을 사용해 아래 우리말 문장을 영어로 말해 보세요.

너는 여기서 나를 어떻게 찾았니?
⋯▸ **How did you** find me here?

너는 이거 어떻게 만들었니?
⋯▸ **How did you** make this?

너는 그 티켓 어떻게 얻었니?
⋯▸ **How did you** get that ticket?

4

배운 표현을 실제 대화를 통해 연습해 보세요.

A: 너 어제 쇼핑몰에 갔지, 그렇지 않니?
You went to the shopping mall yesterday, didn't you?

B: 그거 어떻게 알았어?
How did you know that?

A: 나 거기에 커피 사러 갔었거든. 너 쇼핑하는 거 봤어.
**I was there to get some coffee.
I saw you shopping.**

Today's Expression
UNIT 34

How often do you ~?

1 예문을 읽으면서 오늘의 패턴을 찾아 보세요.

How often do you eat out?	얼마나 자주 외식하니?
How often do you work out each week?	매주 얼마나 자주 운동하니?
How often do you go to the movies?	얼마나 자주 영화 보러 가니?
How often do you hang out with your friends?	얼마나 자주 친구들과 어울리니?
How often do you post on *Instagram*?	얼마나 자주 인스타그램에 사진을 올리니?

오늘의 패턴이 어떤 의미인지 확인해 보세요.

✲ How often do you + 동사원형?

'얼마나 자주 ~하니?'라는 의미의 표현입니다.
'하루에 밥을 몇 번 먹니?' 또는 '한 달에 몇 번이나 영화를 보니?'처럼 빈도 수를 물어볼 때 사용합니다.

WORDS
often 자주, 종종   eat out 외식하다   each 각각(의)

10분 영어 리얼패턴 **121**

2

아래 우리말을 영어로 말해 보세요.

a. 얼마나 자주 외식하니?

b. 매주 얼마나 자주 운동하니?

c. 얼마나 자주 영화를 보러 가니?

d. 얼마나 자주 친구들과 어울리니?

e. 얼마나 자주 인스타그램에 사진을 올리니?

3

배운 표현을 사용해 아래 우리말 문장을 영어로 말해 보세요.

얼마나 자주 책을 읽니?
··· How often do you read a book?

얼마나 자주 쇼핑하러 가니?
··· How often do you go shopping?

얼마나 자주 머리를 자르니?
··· How often do you get your hair cut?

4

배운 표현을 실제 대화를 통해 연습해 보세요.

A 우리 이번 주말에 등산 갈 거야. 너도 같이 갈래?
We're going to go hiking this weekend. Will you join us?

B 좋아. 너 등산 하러 얼마나 자주 가니?
I'd love to. How often do you go hiking?

A 그냥 한 달에 한 번 정도.
Just once a month.

Today's Expression
UNIT 35

How long does it take to ~?

1

예문을 읽으면서 오늘의 패턴을 찾아 보세요.

How long does it take to get there?	거기 도착하는 데 얼마나 걸리니?
How long does it take to go to the airport?	공항까지 가는 데 얼마나 걸리니?
How long does it take to go to the hotel?	호텔까지 가는 데 얼마나 걸리니?
How long does it take to get to work?	출근하는 데 얼마나 걸리니?
How long does it take to get in shape?	좋은 몸매를 갖기까지 얼마나 걸리니?

오늘의 패턴이 어떤 의미인지 확인해 보세요.

✱ How long does it take to + 동사원형?

'~하는 데 시간이 얼마나 걸리니?'라는 의미의 표현입니다.
'삼성역까지 가는 데 얼마나 걸리니?' 또는 '공항까지 가는 데 얼마나 걸리니?'처럼 어느 장소까지 도착하는 데 걸리는 시간을 물을 때 자주 사용합니다.

WORDS
get 도착하다   airport 공항   get in shape 좋은 몸 상태를(몸매를) 유지하다

2

아래 우리말을 영어로 말해 보세요.

a. 거기 도착하는 데 얼마나 걸리니?

b. 공항까지 가는 데 얼마나 걸리니?

c. 호텔까지 가는 데 얼마나 걸리니?

d. 출근하는 데 얼마나 걸리니?

e. 좋은 몸매를 갖기까지 얼마나 걸리니?

3

배운 표현을 사용해 아래 우리말 문장을 영어로 말해 보세요.

영어가 유창해지기까지 얼마나 걸리니?
… **How long does it take to** be fluent in English?

화장하는 데 얼마나 걸리니?
… **How long does it take to** put on your makeup?

그 역에 도착하는 데 얼마나 걸리니?
… **How long does it take to** get to the station?

4

배운 표현을 실제 대화를 통해 연습해 보세요.

A Amy의 집에 가는 데 얼마나 걸리지?
How long does it take to go to Amy's house?

B 우리 집에서? 40분 정도 걸릴 거야.
From my house? I think it will take 40 minutes.

A 꽤 멀구나. 우리 지금 나가야겠다.
It's quite far. We should leave now.

Unit 31~35 Review Quiz

1

다음의 빈 칸에 들어갈 알맞은 말을 쓰세요.

a. 어떤 색깔을 가장 좋아하니?
What color _____?

b. 내 전화번호는 어떻게 알았니?
How did you _____?

c. 얼마나 자주 영화 보러 가니?
How often do you _____?

2

다음의 우리말을 영어로 옮기세요.

a. 어떤 팀에 속해 있니?
→ _____

b. 너 무엇을 가져왔니?
→ _____

3

우리말과 같은 뜻이 되도록 주어진 단어를 배열하여 문장을 완성하세요.

a. each week?   How often   work out   you   do
→ _____
매주 얼마나 자주 운동하니?

b. go to   does it   the airport?   How long   to   take
→ _____
공항까지 가는 데 얼마나 걸리니?

Today's Expression
UNIT 36

When is ~?

1 예문을 읽으면서 오늘의 패턴을 찾아 보세요.

When is your birthday?	네 생일이 언제야?
When is the due date?	마감 날짜가 언제야?
When is your wedding anniversary?	너희 결혼기념일이 언제야?
When is the best time to book a flight?	비행 편을 예약하기에 가장 좋은 시기는 언제야?
When is the best time to go to Hawaii?	하와이에 가기에 가장 좋은 시기는 언제야?

오늘의 패턴이 어떤 의미인지 확인해 보세요.

✳ When is ~?

'~은 언제야?'라는 의미의 표현입니다.
무언가의 특정 시기나 때를 묻는 표현으로 의문사 when을 사용합니다.

WORDS
due date 마감 날짜　wedding anniversary 결혼기념일　book 예약하다　flight 비행, 항공편

2

아래 우리말을 영어로 말해 보세요.

a. 네 생일이 언제야?

b. 마감 날짜가 언제야?

c. 너희 결혼기념일이 언제야?

d. 비행 편을 예약하기에 가장 좋은 시기는 언제야?

e. 하와이에 가기에 가장 좋은 시기는 언제야?

3

배운 표현을 사용해 아래 우리말 문장을 영어로 말해 보세요.

기말고사가 언제야?
···→ **When is** the final exam?

그 음악 축제가 언제야?
···→ **When is** the music festival?

우리가 마지막으로 만난 게 언제야?
···→ **When was** the last time we met?

4

배운 표현을 실제 대화를 통해 연습해 보세요.

A: 너 마지막으로 영화 보러 간 게 언제야?
When was the last time you went to go to the movies?

B: 1년 전쯤 같아. 하나 추천 좀 해줄래?
About a year ago. Can you recommend one?

A: 나는 '비포 선라이즈'를 정말 좋아해. 꽤 오래된 영화긴 한데, 정말 좋아.
I love *Before Sunrise*, which is a quite old one, but really good.

Today's Expression
UNIT 37

Where can I ~?

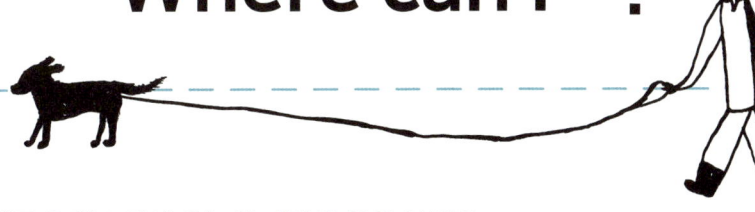

1 예문을 읽으면서 오늘의 패턴을 찾아 보세요.

Where can I get some information?	어디서 정보를 좀 얻을 수 있니?
Where can I get things like that?	그런 건 어디서 살 수 있니?
Where can I reach you?	어디로 연락하면 되니?
Where can I plug in my laptop?	내 노트북을 어디에 꽂을 수 있니?
Where can I wash my hands?	손은 어디서 씻니?

 오늘의 패턴이 어떤 의미인지 확인해 보세요.

✲ Where can I + 동사원형?

'어디서 ~할 수 있지?, 어디서 ~하면 되지?'라는 의미의 표현입니다.
어떤 일을 어디서 할 수 있는지 위치나 장소를 알고 싶을 때 사용합니다.

WORDS
information 정보   reach + 사람 ~에게 연락하다, 만나다   plug in ~에 전원을 꽂다   laptop 노트북

2 아래 우리말을 영어로 말해 보세요.

a. 어디서 정보를 좀 얻을 수 있니?

b. 그런 건 어디서 살 수 있니?

c. 어디로 연락하면 되니?

d. 내 노트북은 어디에 꽂을 수 있니?

e. 손은 어디서 씻니?

3

배운 표현을 사용해 아래 우리말 문장을 영어로 말해 보세요.

등록은 어디서 할 수 있니?
··→ **Where can I** register?

너를 어디서 찾을 수 있니?
··→ **Where can I** find you?

이거 어디서 출력할 수 있니?
··→ **Where can I** print this out?

4

배운 표현을 실제 대화를 통해 연습해 보세요.

A: 와! 네 신발 정말 예쁘다.
Wow! Your shoes are so cool.

B: 맞아. 내가 가장 좋아하는 신발이야.
I know. They're my favorite.

A: 그거 어디서 살 수 있니?
Where can I buy them?

Today's Expression
UNIT 38

Who [verb] ~?

1 예문을 읽으면서 오늘의 패턴을 찾아 보세요.

Who cares?	누가 신경이나 쓰니?
Who knows?	누가 알아?
Who goes first?	누가 제일 먼저 할래?
Who wants some ice cream?	아이스크림 먹을 사람 누구니?
Who has the most *Instagram* followers?	누가 인스타그램 팔로워를 제일 많이 갖고 있니?

오늘의 패턴이 어떤 의미인지 확인해 보세요.

❖ Who + 동사?

'누가 ~할래?, 누가 ~하니?'라는 의미의 표현입니다.
현재시제일 경우 의문사 who를 3인칭 단수 취급하여 동사 뒤에
-s 또는 -es를 붙입니다.

WORDS
care 신경 쓰다   first 가장 먼저, 첫 번째로

2

아래 우리말을 영어로 말해 보세요.

a. 누가 신경이나 쓰니?

b. 누가 알아?

c. 누가 제일 먼저 할래?

d. 아이스크림 먹을 사람 누구니?

e. 누가 인스타그램 팔로워를 제일 많이 갖고 있니?

3

배운 표현을 사용해 아래 우리말 문장을 영어로 말해 보세요.

누구 커피 좀 마실래?
⋯▸ **Who wants** some coffee?

누가 팬케이크를 좋아하니?
⋯▸ **Who likes** pancakes?

누가 비밀이 있니?
⋯▸ **Who has** a secret?

4

배운 표현을 실제 대화를 통해 연습해 보세요.

A: Jamie는 내일 네 파티에 안 올 거래.
Jamie is not coming to your party tomorrow.

B: 누가 신경이나 쓰니? 걔가 오든 말든 상관 없어.
Who cares? It doesn't matter whether he's coming or not.

A: 너희 둘이 무슨 일 있는 거야?
What's wrong with you guys?

Today's Expression
UNIT 39

Why not ~?

1 예문을 읽으면서 오늘의 패턴을 찾아 보세요.

Why not try again?	다시 시도해 보는 게 어때?
Why not dream big?	꿈을 크게 꾸는 게 어때서?
Why not ask her out?	그녀에게 데이트 신청하는 게 어때?
Why not take a rest at home?	집에서 쉬는 게 어때?
Why not go backpacking with me?	나와 배낭여행 가는 게 어때?

 오늘의 패턴이 어떤 의미인지 확인해 보세요.

❋ Why not + 동사원형?

'~하는 게 어때서?, ~하는 게 어때?'라는 의미의 표현입니다.
상대방에게 반문하거나 제안을 할 때 사용합니다.

WORDS
ask somebody out ~에게 데이트를 신청하다   go backpacking 배낭여행을 가다

10분 영어 리얼패턴 **137**

2 아래 우리말을 영어로 말해 보세요.

a. 다시 시도해 보는 게 어때?

b. 꿈을 크게 꾸는 게 어때서?

c. 그녀에게 데이트 신청하는 게 어때?

d. 집에서 쉬는 게 어때?

e. 나와 배낭여행 가는 게 어때?

3. 배운 표현을 사용해 아래 우리말 문장을 영어로 말해 보세요.

잠깐 들르는 게 어때?
⋯▸ **Why not** stop by for a minute?

그거 다시 해 보는 게 어때?
⋯▸ **Why not** try it out again?

너 스스로 해 보는 게 어때?
⋯▸ **Why not** do it yourself?

4. 배운 표현을 실제 대화를 통해 연습해 보세요.

A: 봐! Eric은 정말 완벽해 보여.
Look! Eric looks so perfect.

B: 그에게 데이트 신청 먼저 하는 게 어때?
Why not ask him out first?

A: 못 하겠어. 거절하면 어떡해?
I can't. What if he rejects me?

Today's Expression
UNIT 40

Why did you ~?

1

예문을 읽으면서 오늘의 패턴을 찾아 보세요.

Why did you call me last night?	왜 어젯밤에 나에게 전화했니?
Why did you delete the email?	왜 그 이메일을 삭제했니?
Why did you quit your job?	왜 직장을 그만뒀니?
Why did you say that?	왜 그런 말을 했니?
Why did you change your mind?	왜 마음이 바뀌었니?

오늘의 패턴이 어떤 의미인지 확인해 보세요.

✲ Why did you + 동사원형?

'왜 ~했니?'라는 의미의 표현입니다.
'왜'라는 뜻의 의문사 why와 과거시제 동사 did를 사용하여
상대방이 과거에 했던 일의 이유를 물을 때 사용합니다.

WORDS
delete 삭제하다, 지우다   quit 끝내다, 그만두다   mind 마음, 생각

2

아래 우리말을 영어로 말해 보세요.

a. 왜 어젯밤에 나에게 전화했니?

b. 왜 그 이메일을 삭제했니?

c. 왜 직장을 그만뒀니?

d. 왜 그런 말을 했니?

e. 왜 마음이 바뀌었니?

3

배운 표현을 사용해 아래 우리말 문장을 영어로 말해 보세요.

왜 그녀와 헤어졌니?
⋯▸ **Why did you** break up with her?

왜 돌아왔니?
⋯▸ **Why did you** come back?

왜 나에게 거짓말 했니?
⋯▸ **Why did you** lie to me?

4

배운 표현을 실제 대화를 통해 연습해 보세요.

A 전 직장은 왜 그만 두었어?
Why did you leave your last job?

B 급여를 충분히 받지 못한 것 같았어.
I thought I didn't get paid enough.

A 새 직장은 만족스럽니?
Are you satisfied with your new job?

Unit 36~40 Review Quiz

1. 다음의 빈 칸에 들어갈 알맞은 말을 쓰세요.

a. 마감 날짜가 언제야?
   When is _____ _____ _____?

b. 어디로 연락하면 되니?
   Where can I _____ _____?

c. 집에서 쉬는 게 어때?
   Why not _____ _____ _____ _____?

2. 다음의 우리말을 영어로 옮기세요.

a. 이거 어디서 출력할 수 있니?
→ _____

b. 우리가 마지막으로 만난 게 언제야?
→ _____

3. 우리말과 같은 뜻이 되도록 주어진 단어를 배열하여 문장을 완성하세요.

a. some　Who　ice cream?　wants
→ _____
   아이스크림 먹을 사람 누구니?

b. your job?　Why　quit　you　did
→ _____
   왜 직장을 그만뒀니?

5

UNIT 41 _ **There is/are ~** ~이(가) 있다
UNIT 42 _ **I don't care about ~** ~에 대해 관심이 없다, 신경 쓰지 않는다
UNIT 43 _ **I don't feel like ~** ~하고 싶지 않다, ~할 기분이 아니다
UNIT 44 _ **I am good at ~** 나는 ~을 잘한다
UNIT 45 _ **I had difficulty ~** 나는 ~하는 데 어려움을 겪었다(힘들었다)
           Review Quiz
UNIT 46 _ **You look like ~** 너는 ~처럼 보인다
UNIT 47 _ **is/are worth ~** ~할 가치가 있다
UNIT 48 _ **It is because of ~** 그것은 ~때문이다
UNIT 49 _ **Thank you for ~** ~에 대해 감사하다
UNIT 50 _ **What do you say to ~?** ~하는 게 어때?
           Review Quiz

Today's Expression
UNIT 41

There is/are ~

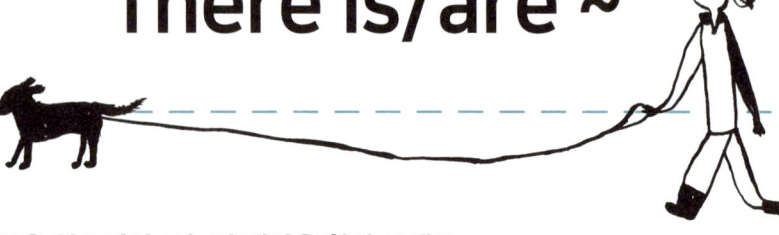

1 예문을 읽으면서 오늘의 패턴을 찾아 보세요.

There is a first time for everything.	모든 일에는 처음이 있어.
There is a restaurant around the corner.	모퉁이를 돌면 식당이 하나 있어.
There is my way or the highway.	내 방식, 아니면 나가는 방법이 있어.
There are so many people on the street.	거리에 아주 많은 사람이 있어.
There are so many things to do.	해야 할 일이 아주 많이 있어.

 오늘의 패턴이 어떤 의미인지 확인해 보세요.

✻ There is/are + 명사

'~이(가) 있다'라는 의미의 표현입니다.
단수 또는 셀 수 없는 명사가 올 때 There is를 사용하고 복수 명사가 올 때 There are을 사용합니다.

WORDS
first 첫 번째의   **corner** 모퉁이   **highway** 고속도로   **street** 거리

2

아래 우리말을 영어로 말해 보세요.

a. 모든 일에는 처음이 있어.

b. 모퉁이를 돌면 식당이 하나 있어.

c. 내 방식, 아니면 나가는 방법이 있어.

d. 거리에 아주 많은 사람이 있어.

e. 해야 할 일이 아주 많이 있어.

3. 배운 표현을 사용해 아래 우리말 문장을 영어로 말해 보세요.

책상 위에 책 한 권이 있어.
⋯▶ **There is** a book on the desk.

크리스마스 트리 밑에 많은 선물이 있어.
⋯▶ **There are** many gifts under the Christmas tree.

나가는 길이 없어.
⋯▶ **There is** no way out.

4. 배운 표현을 실제 대화를 통해 연습해 보세요.

A: 여행에 대해 더 말해줘.
Tell me more about the trip.

B: LA에는 멋진 공원들이 많이 있어.
There are many nice parks in LA.

A: 공원 사진 찍었니?
Did you take pictures of them?

Today's Expression
UNIT 42
I don't care about ~

1 예문을 읽으면서 오늘의 패턴을 찾아 보세요.

I don't care about the looks.	나는 외모에 관심이 없어.
I don't care about *Instagram*.	나는 인스타그램에 관심이 없어.
I don't care about sports.	나는 스포츠에 관심이 없어.
He doesn't care about people at all.	그는 사람들에게 전혀 관심이 없어.
He doesn't care about fashion much.	그는 패션에 그다지 관심이 없어.

오늘의 패턴이 어떤 의미인지 확인해 보세요.

✽ I don't care about + 명사

'**~에 대해 관심이 없다, 신경 쓰지 않는다**'라는 의미의 표현입니다.
'care about'은 '~에 마음을 쓰다, 관심을 가지다'의 의미이고,
전치사 뒤에는 명사나 명사구가 따라옵니다.

WORDS
look 외모   (not) at all 전혀

2   아래 우리말을 영어로 말해 보세요.

a. 나는 외모에 관심이 없어.

b. 나는 인스타그램에 관심이 없어.

c. 나는 스포츠에 관심이 없어.

d. 그는 사람들에게 전혀 관심이 없어.

e. 그는 패션에 그다지 관심이 없어.

3 배운 표현을 사용해 아래 우리말 문장을 영어로 말해 보세요.

나는 그 문제에 관심이 없어.
⋯▸ I don't care about the problem.

나는 그 사람에 대해 신경 쓰지 않아.
⋯▸ I don't care about the person.

나는 네가 생각하는 것에 관심이 없어.
⋯▸ I don't care about what you think.

4 배운 표현을 실제 대화를 통해 연습해 보세요.

A: 너는 그에 대해 어떻게 생각해?
What do you think about him?

B: 글쎄, 난 그에게 관심이 없어. 왜?
Well, I don't care about him. Why?

A: 그냥 나는 그가 조금 신경이 쓰여서.
Just because I care about him a little.

Today's Expression
UNIT 43
I don't feel like ~

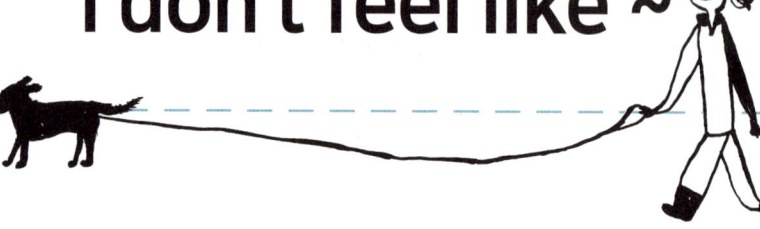

1 예문을 읽으면서 오늘의 패턴을 찾아 보세요.

I don't feel like doing anything.	아무것도 하고 싶지 않아.
I don't feel like eating anything in the morning.	아침에는 아무것도 먹고 싶지 않아.
I don't feel like drinking beer now.	지금 맥주 마시고 싶지 않아.
I don't feel like talking to you now.	지금 너랑 이야기하고 싶지 않아.
I don't feel like going out.	나가고 싶지 않아.

오늘의 패턴이 어떤 의미인지 확인해 보세요.

✲ I don't feel like + 동명사(-ing)

'~하고 싶지 않다, ~할 기분이 아니다'라는 의미의 표현입니다.
'~을 하고 싶다'라는 뜻을 가진 표현 feel like의 부정입니다.
뒤에 동명사뿐만 아니라 명사도 올 수 있습니다.

WORDS
beer 맥주   go out 외출하다

2 아래 우리말을 영어로 말해 보세요.

a. 아무것도 하고 싶지 않아.

b. 아침에는 아무것도 먹고 싶지 않아.

c. 지금 맥주 마시고 싶지 않아.

d. 지금 너랑 이야기하고 싶지 않아.

e. 나가고 싶지 않아.

3

배운 표현을 사용해 아래 우리말 문장을 영어로 말해 보세요.

영화 보고 싶지 않아.
… I don't feel like watching a movie.

혼자 있고 싶지 않아.
… I don't feel like being alone.

쇼핑하러 가고 싶지 않아.
… I don't feel like going shopping.

4

배운 표현을 실제 대화를 통해 연습해 보세요.

A: 우리는 이제 바다를 보러 갈 거야.
We are going to go see the sea now.

B: 난 거기에 가고 싶지 않아. 조금 어지러워.
I don't feel like going there. I feel a little dizzy.

A: 그럼 너 빼고 갈게. 좀 쉬어.
Then we are going without you. Get some rest.

Today's Expression
UNIT 44

I am good at ~

1 예문을 읽으면서 오늘의 패턴을 찾아 보세요.

I am good at cooking.	나는 요리를 잘해.
I am good at speaking in English.	나는 영어로 말하기를 잘해.
I am good at playing the guitar.	나는 기타 치기를 잘해.
I am good at kicking.	나는 발차기를 잘해.
I am good at cramming for an exam.	나는 시험 볼 때 벼락치기를 잘해.

오늘의 패턴이 어떤 의미인지 확인해 보세요.

✻ I am good at + 동명사(-ing)

'**나는 ~을 잘한다**'라는 의미의 표현입니다.
자신의 특기를 나타내고 싶을 때 이 표현을 사용합니다.
뒤에 동명사뿐만 아니라 명사도 올 수 있습니다.

WORDS
kick 차다   cram for an exam 벼락치기 하다

10분 영어 리얼패턴 **155**

2

아래 우리말을 영어로 말해 보세요.

a. 나는 요리를 잘해.

b. 나는 영어로 말하기를 잘해.

c. 나는 기타 치기를 잘해.

d. 나는 발차기를 잘해.

e. 나는 시험 볼 때 벼락치기를 잘해.

3 배운 표현을 사용해 아래 우리말 문장을 영어로 말해 보세요.

나는 연기를 잘해.
⋯▸ I am good at acting.

나는 매운 음식을 잘 먹어.
⋯▸ I am good at eating spicy food.

나는 물건들을 잘 고쳐.
⋯▸ I am good at fixing things.

4 배운 표현을 실제 대화를 통해 연습해 보세요.

A 배고프네. 먹을 것 좀 있어?
I'm starving. Do you have something to eat?

B 아니, 하지만 파이 만들어 줄 수 있어. 나 빵 잘 만들어.
No, but I can make you a pie.
I'm good at baking.

A 정말? 신난다.
Really? I'm excited.

Today's Expression
UNIT 45 I had difficulty ~

1
예문을 읽으면서 오늘의 패턴을 찾아 보세요.

I had difficulty making new friends.	나는 새로운 친구들을 사귀는 데 어려움을 겪었어.
I had difficulty communicating in English.	나는 영어로 의사소통하는 데 어려움을 겪었어.
I had difficulty persuading her to leave.	나는 그녀를 떠나도록 설득하느라 힘들었어.
I had difficulty getting her to like me.	나는 그녀가 날 좋아하도록 하는 것이 힘들었어.
I had difficulty going back to sleep.	나는 다시 잠드는 데 어려움을 겪었어.

오늘의 패턴이 어떤 의미인지 확인해 보세요.

✽ I had difficulty + 동명사(-ing)

'나는 ~하는 데 어려움을 겪었다(힘들었다)'라는 의미의 표현입니다. have의 과거형 had를 사용해 과거에 있었던 일에 대한 어려움을 나타낼 때 쓰는 표현입니다. 또한 원래 'I have difficulty in + 동명사' 형태로 전치사 in을 사용하지만 in을 생략하기도 합니다.

WORDS
communicate 의사소통 하다   persuade 설득하다   leave 떠나다

2

아래 우리말을 영어로 말해 보세요.

a. 나는 새로운 친구들을 사귀는 데 어려움을 겪었어.

b. 나는 영어로 의사소통하는 데 어려움을 겪었어.

c. 나는 그녀를 떠나도록 설득하느라 힘들었어.

d. 나는 그녀가 날 좋아하도록 하는 것이 힘들었어.

e. 나는 다시 잠드는 데 어려움을 겪었어.

3

배운 표현을 사용해 아래 우리말 문장을 영어로 말해 보세요.

나는 결정을 내리는 데 어려움을 겪었어.
⋯▸ **I had difficulty** making a decision.

나는 길을 찾는 데 어려움을 겪었어.
⋯▸ **I had difficulty** finding the way.

나는 그 아이를 돌보는 데 어려움을 겪었어.
⋯▸ **I had difficulty** taking care of the child.

4

배운 표현을 실제 대화를 통해 연습해 보세요.

A: 나는 수학 문제를 푸는 데 어려움을 겪었어.
I had difficulty solving math problems.

B: 넌 수학 공부를 더 열심히 해야겠다.
You should study math harder.

A: 그러니까 말이야.
I know.

Unit 41~45 Review Quiz

1 다음의 빈 칸에 들어갈 알맞은 말을 쓰세요.

a. 모퉁이를 돌면 식당이 하나 있어.
   There is _____ _____ _____ _____.

b. 나가고 싶지 않아.
   I don't feel like _____ _____.

c. 그는 패션에 그다지 관심이 없어.
   He doesn't care about _____ _____.

2 다음의 우리말을 영어로 옮기세요.

a. 나는 결정을 내리는 데 어려움을 겪었어.
   → _____

b. 나는 매운 음식을 잘 먹어.
   → _____

3 우리말과 같은 뜻이 되도록 주어진 단어를 배열하여 문장을 완성하세요.

a. | are | on the street. | There | many people | so |
   → _____
   거리에 아주 많은 사람이 있어.

b. | an exam. | good at | I | cramming for | am |
   → _____
   나는 시험 볼 때 벼락치기를 잘해.

Today's Expression
UNIT 46

You look like ~

1 예문을 읽으면서 오늘의 패턴을 찾아 보세요.

You look like a gentleman.	너 신사처럼 보여.
You look like someone I know.	너 내가 아는 사람처럼 보여.
You look like a high school girl.	너 여고생처럼 보여.
You look like a grown-up person.	너 어른처럼 보여.
You look like your father.	너는 네 아빠처럼 보여.

오늘의 패턴이 어떤 의미인지 확인해 보세요.

✽ You look like + 명사

'**너는 ~처럼 보인다**'라는 의미의 표현입니다.
여기서 like는 '~처럼'의 뜻을 가진 전치사이므로 뒤에 명사를 써야 합니다.

WORDS
gentleman 신사   high school 고등학교   grown-up 어른

2 아래 우리말을 영어로 말해 보세요.

a. 너 신사처럼 보여.

b. 너 내가 아는 사람처럼 보여.

c. 너 여고생처럼 보여.

d. 너 어른처럼 보여.

e. 너는 네 아빠처럼 보여.

3

배운 표현을 사용해 아래 우리말 문장을 영어로 말해 보세요.

너 패션 모델처럼 보여.
···▸ You look like a fashion model.

너 대학생처럼 보여.
···▸ You look like a college student.

너 요리사처럼 보여.
···▸ You look like a chef.

4

배운 표현을 실제 대화를 통해 연습해 보세요.

A 나 어때 보여?
How do I look?

왜! 너 공주님처럼 보여. **B**
Wow! You look like a princess.

A 그게 내가 원한 것이야.
That's what I want.

Today's Expression
UNIT 47　is/are worth ~

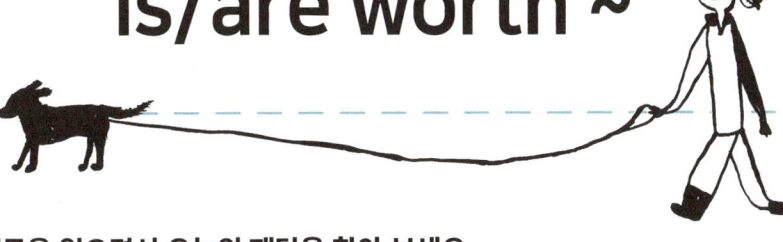

1 예문을 읽으면서 오늘의 패턴을 찾아 보세요.

It **is worth** it.	그럴만한 가치가 있어.
It **is worth** a shot.	한 번 시도해 볼 가치가 있어.
One picture **is worth** a thousand words.	한 장의 그림이 천 마디 말의 가치가 있어.
Her speech **is worth** hearing.	그녀의 연설은 들어 볼 가치가 있어.
This movie **is worth** watching twice.	이 영화는 두 번 볼 가치가 있어.

 오늘의 패턴이 어떤 의미인지 확인해 보세요.

✽ is/are worth + 명사

'**~할 가치가 있다**'라는 의미의 표현입니다.
worth는 '~할 가치가 있는'의 뜻을 가진 형용사입니다.
worth 뒤에는 명사뿐만 아니라 대명사, 동명사 모두 올 수 있습니다.

WORDS
shot 시도　thousand 천(1,000)　speech 연설　twice 두 번

10분 영어 리얼패턴

2. 아래 우리말을 영어로 말해 보세요.

a. 그럴만한 가치가 있어.

b. 한 번 시도해 볼 가치가 있어.

c. 한 장의 그림이 천 마디 말의 가치가 있어.

d. 그녀의 연설은 들어 볼 가치가 있어.

e. 이 영화는 두 번 볼 가치가 있어.

3. 배운 표현을 사용해 아래 우리말 문장을 영어로 말해 보세요.

이곳은 방문할 가치가 있어.
⋯▸ This place is worth visiting.

이 책들은 읽어볼 가치가 있어.
⋯▸ These books are worth reading.

이 일은 도전해 볼 가치가 있어.
⋯▸ This job is worth challenging.

4. 배운 표현을 실제 대화를 통해 연습해 보세요.

A: 너는 저기에 있는 새로운 박물관에 갔었니?
Did you go to the new museum over there?

B: 응. 굉장했어. 그곳은 방문할 만한 가치가 있어.
Yes. It was amazing. It is worth visiting.

A: 그럼 나도 이번 주 토요일에 가 봐야지.
Then I will go there this Saturday.

Today's Expression
UNIT 48

It is because of ~

1

예문을 읽으면서 오늘의 패턴을 찾아 보세요.

It is because of you.	그것은 너 때문이야.
It is because of heavy rain.	그것은 폭우 때문이야.
It is because of the weather.	그것은 날씨 때문이야.
It is because of personality difference.	그것은 성격 차이 때문이야.
It is because of cultural differences.	그것은 문화 차이 때문이야.

오늘의 패턴이 어떤 의미인지 확인해 보세요.

❋ It is because of + 명사

'**그것은 ~때문이다**'라는 의미의 표현입니다.
because 뒤에 전치사 of가 쓰이고 그 뒤에는 명사를 사용하여
원인이 되는 대상을 넣어 줍니다.

WORDS
heavy rain 폭우   personality 성격   difference 차이점   cultural 문화적인

2

아래 우리말을 영어로 말해 보세요.

a. 그것은 너 때문이야.

b. 그것은 폭우 때문이야.

c. 그것은 날씨 때문이야.

d. 그것은 성격 차이 때문이야.

e. 그것은 문화 차이 때문이야.

3. 배운 표현을 사용해 아래 우리말 문장을 영어로 말해 보세요.

그것은 오염 때문이야.
··→ It is because of the pollution.

그것은 새로운 법 때문이야.
··→ It is because of the new law.

그것은 내 이름 때문이야.
··→ It is because of my name.

4. 배운 표현을 실제 대화를 통해 연습해 보세요.

A: 누가 화분 깨뜨렸어?
Who broke the vase?

B: 그것은 James 때문이야. 그의 손이 미끄러졌어.
It is because of James. **His hand slipped.**

A: 그를 지금 당장 봐야겠어.
I have to see him right now.

Today's Expression
UNIT 49

Thank you for ~

1 예문을 읽으면서 오늘의 패턴을 찾아 보세요.

Thank you for your interest. 당신의 관심에 감사드려요.

Thank you for your kindness. 당신의 친절에 감사드려요.

Thank you for your time. 시간 내주셔서 감사해요.

Thank you for your understanding. 이해해 주셔서 감사해요.

Thank you for everything you've done. 베풀어 주신 모든 것에 감사해요.

 오늘의 패턴이 어떤 의미인지 확인해 보세요.

✱ Thank you for + 명사

'~에 대해 감사하다'라는 의미의 표현입니다.
상대방에게 고마움을 격식 있게 말할 때 사용합니다.
전치사 for 뒤에는 명사나 동명사를 쓸 수 있습니다.

WORDS
interest 관심   kindness 친절

2 아래 우리말을 영어로 말해 보세요.

a. 당신의 관심에 감사드려요.

b. 당신의 친절에 감사드려요.

c. 시간 내주셔서 감사해요.

d. 이해해 주셔서 감사해요.

e. 베풀어 주신 모든 것에 감사해요.

3

배운 표현을 사용해 아래 우리말 문장을 영어로 말해 보세요.

와 주셔서 감사해요.
⋯▸ Thank you for coming.

참여해 주셔서 감사해요.
⋯▸ Thank you for joining.

저를 도와주셔서 고마워요.
⋯▸ Thank you for helping me.

4

배운 표현을 실제 대화를 통해 연습해 보세요.

A 참 좋은 파티였어요. 초대해주셔서 감사해요.
It was such a lovely party.
Thank you for inviting me.

B 천만에요. 와 주셔서 감사해요.
You're welcome. Thank you for coming.

A 그럼 전 갈게요. 안녕히 계세요.
Then I'm leaving. Good night.

Today's Expression
UNIT 50 What do you say to ~?

1 예문을 읽으면서 오늘의 패턴을 찾아 보세요.

What do you say to eating out tonight? 오늘 밤 외식하는 게 어때?

What do you say to going shopping after class? 수업 후에 나와 쇼핑하러 가는 게 어때?

What do you say to going to a movie this weekend? 이번 주말에 영화 보러 가는 게 어때?

What do you say to going to the party? 그 파티에 가는 게 어때?

What do you say to going for a drive? 드라이브하러 가는 게 어때?

 오늘의 패턴이 어떤 의미인지 확인해 보세요.

＊ What do you say to + 동명사(-ing)?

'**~하는 게 어때?**'라는 의미의 표현입니다.
상대방에게 의견을 물어볼 때 사용합니다.
to 뒤에는 동명사뿐만 아니라 명사도 쓸 수 있습니다.

＊ What do you say to **a movie**? 영화를 한 편 보는 게 어때?

WORDS
eat out 외식하다   go for a drive 드라이브하러 가다

2

아래 우리말을 영어로 말해 보세요.

a. 오늘 밤 외식하는 게 어때?

b. 수업 후에 나와 쇼핑하러 가는 게 어때?

c. 이번 주말에 영화 보러 가는 게 어때?

d. 그 파티에 가는 게 어때?

e. 드라이브하러 가는 게 어때?

3. 배운 표현을 사용해 아래 우리말 문장을 영어로 말해 보세요.

연극 보러 가는 게 어때?
⋯▸ **What do you say to** going to a play?

그들을 축하해 주는 게 어때?
⋯▸ **What do you say to** celebrating them?

오늘 밤 여기에 머무르는 게 어때?
⋯▸ **What do you say to** staying here tonight?

4. 배운 표현을 실제 대화를 통해 연습해 보세요.

A 집중이 안돼.
I'm distracted.

잠깐 산책하는 게 어때? **B**
What do you say to taking a walk for a while?

A 좋은 생각이야. 같이 갈래?
Good idea. Can you join me?

Unit 46~50 Review Quiz

1 다음의 빈 칸에 들어갈 알맞은 말을 쓰세요.

a. 이해해 주셔서 감사해요.
Thank you for _____ _____.

b. 그것은 문화 차이 때문이야.
It is because of _____ _____.

c. 오늘 밤 외식하는 게 어때?
What do you say to _____ _____ _____?

2 다음의 우리말을 영어로 옮기세요.

a. 그것은 오염 때문이야.
→ _____

b. 이곳은 방문할 가치가 있어.
→ _____

3 우리말과 같은 뜻이 되도록 주어진 단어를 배열하여 문장을 완성하세요.

a. What   a drive   say to   going for   do you
→ _____
드라이브하러 가는 게 어때?

b. I know.   like   look   someone   You
→ _____
너 내가 아는 사람처럼 보여.

6

UNIT 51 _ **You are so ~** 너 참 ~하구나, 너는 매우 ~하다

UNIT 52 _ **You look ~** 너 ~해 보인다

UNIT 53 _ **You sound ~** 목소리가 ~한 듯 하다, 들어보니 ~인 것 같다

UNIT 54 _ **too ~ to…** 너무 ~해서 …할 수 없다

UNIT 55 _ **It could be ~** ~일 수도 있다

　　　　 Review Quiz

UNIT 56 _ **Have you ever ~?** ~해 봤니?, ~해 본 적 있니?

UNIT 57 _ **I have already ~** 이미 ~했다, 벌써 ~했다

UNIT 58 _ **I haven't ~ yet** 아직 ~하지 못했다

UNIT 59 _ **I've never ~ before** ~해 본 적이 한 번도 없다

UNIT 60 _ **You must have ~** 너는 ~했음에 틀림없다

　　　　 Review Quiz

Today's Expression
UNIT 51 You are so ~

1 예문을 읽으면서 오늘의 패턴을 찾아 보세요.

You are so beautiful.	너는 매우 아름다워.
You are so awesome.	너는 매우 멋져.
You are so funny.	너 참 웃기는구나.
You are so naive.	너 참 순진하구나.
You are so special to me.	너는 나에게 참 특별해.

오늘의 패턴이 어떤 의미인지 확인해 보세요.

✼ You are so + 형용사

'**너는 참 ~하구나, 너는 매우 ~하다**'라는 의미의 표현입니다.
형용사는 상태를 나타내는 단어입니다. 다양한 형용사를 사용하여
여러가지 상태를 표현할 수 있습니다.

WORDS
awesome 멋진   naive 순진한   special 특별한

2

아래 우리말을 영어로 말해 보세요.

a. 너는 매우 아름다워.

b. 너는 매우 멋져.

c. 너 참 웃기는구나.

d. 너 참 순진하구나.

e. 너는 나에게 참 특별해.

3

배운 표현을 사용해 아래 우리말 문장을 영어로 말해 보세요.

너는 참 굉장해.
⋯▸ You are so amazing.

너는 참 친절해.
⋯▸ You are so kind.

너는 참 어리석어.
⋯▸ You are so stupid.

4

배운 표현을 실제 대화를 통해 연습해 보세요.

A 네 생일 선물이야.
This is your birthday present.

B 와, 이게 다 뭐야? 너는 참 다정해.
Wow, what's all this? You are so sweet.

A 일단 열어봐.
Just open it.

Today's Expression
UNIT 52

You look ~

1 예문을 읽으면서 오늘의 패턴을 찾아 보세요.

You look good today.	너 오늘 좋아 보여.
You look gorgeous.	너 정말 멋져 보여.
You look down.	너 우울해 보여.
You look so sleepy and tired.	너 아주 졸리고 피곤해 보여.
You look better than your picture.	너 사진보다 더 나아 보여.

오늘의 패턴이 어떤 의미인지 확인해 보세요.

✲ You look + 형용사

'**너는 ~해 보인다**'라는 의미의 표현입니다.
'~해 보이다'라는 뜻의 동사 look을 사용해 상대방의 상태를 나타냅니다.

WORDS
gorgeous 아주 멋진 sleepy 졸린 tired 피곤한 better than ~보다 좋은

2
아래 우리말을 영어로 말해 보세요.

a. 너 오늘 좋아 보여.

b. 너 정말 멋져 보여.

c. 너 우울해 보여.

d. 너 아주 졸리고 피곤해 보여.

e. 너 사진보다 더 나아 보여.

3

배운 표현을 사용해 아래 우리말 문장을 영어로 말해 보세요.

너 아주 바빠 보여.
⋯▸ **You look** very busy.

너 슬퍼 보여.
⋯▸ **You look** sad.

너 성숙해 보여.
⋯▸ **You look** mature.

4

배운 표현을 실제 대화를 통해 연습해 보세요.

A 너 창백해 보여. 무슨 일 있니?
You look pale. Is something wrong?

B 나 머리가 심하게 아파.
I have a severe headache.

A 일찍 집에 가는 게 어때?
Why don't you go home early?

Today's Expression
UNIT 53

You sound ~

1 예문을 읽으면서 오늘의 패턴을 찾아 보세요.

You sound confident.	너 목소리가 자신 있는 것 같아.
You sound depressed.	너 목소리가 풀이 죽은 것 같아.
You sound a little grumpy.	너 목소리가 좀 짜증 나 있는 것 같아.
You sound a little different.	너 목소리가 좀 달라진 것 같아.
You sound younger than I expected.	너 목소리가 생각보다 어린 것 같아.

오늘의 패턴이 어떤 의미인지 확인해 보세요.

✽ You sound + 형용사

'목소리가 ~한 듯 하다, 들어보니 ~인 것 같다'라는 의미의 표현입니다.
동사 sound는 '소리가 나다, ~하게 들리다'라는 두 가지 의미가 있는데,
여기서는 '~하게 들리다'라는 의미로 사용되었습니다.
특히 상대방의 목소리를 듣고 느껴지는 생각을 말할 때 사용합니다.

WORDS
confident 자신감 있는   depressed 우울한   grumpy 성격이 나쁜   expect 기대하다

2 아래 우리말을 영어로 말해 보세요.

a. 너 목소리가 자신 있는 것 같아.

b. 너 목소리가 풀이 죽은 것 같아.

c. 너 목소리가 좀 짜증 나 있는 것 같아.

d. 너 목소리가 좀 달라진 것 같아.

e. 너 목소리가 생각보다 어린 것 같아.

3

배운 표현을 사용해 아래 우리말 문장을 영어로 말해 보세요.

너 목소리가 약간 긴장한 것 같아.
⋯▶ You sound a little nervous.

너 목소리가 익숙하게 들려.
⋯▶ You sound familiar.

너 목소리가 쉰 것 같아
⋯▶ You sound hoarse.

4

배운 표현을 실제 대화를 통해 연습해 보세요.

A: 너 목소리가 너무 행복한 것 같아.
You sound so happy.

B: 왜냐하면 오늘은 내 생일이거든.
Because today is my birthday.

A: 정말? 생일 축하해!
Really? Happy birthday!

Today's Expression
UNIT 54

too ~ to …

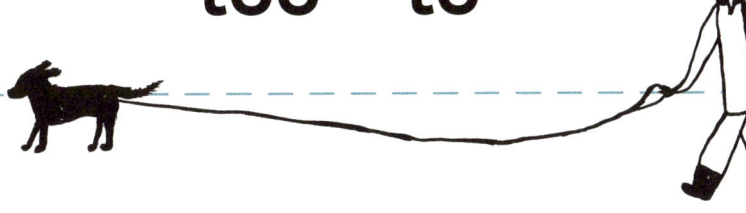

1 예문을 읽으면서 오늘의 패턴을 찾아 보세요.

I'm **too** busy **to** work out.	나는 너무 바빠서 운동할 수가 없어.
I'm **too** tired **to** hang out with my friends.	나는 너무 피곤해서 친구들과 어울려 놀 수가 없어.
He's **too** young **to** get married.	그는 결혼하기엔 너무 어려.
It's **too** good **to** be true.	그게 너무 좋아서 믿기지 않아.
It's **too** good **to** miss.	그건 놓치기엔 너무 아까워.

오늘의 패턴이 어떤 의미인지 확인해 보세요.

✲ **too** 형용사 **to** 동사원형

'너무 ~해서 …할 수 없다'라는 의미의 표현입니다.
too 다음에는 형용사, to 뒤에는 동사원형을 사용해야합니다.

WORDS
work out 운동하다   get married 결혼하다   miss 놓치다

10분 영어 리얼패턴 **189**

2

아래 우리말을 영어로 말해 보세요.

a. 나는 너무 바빠서 운동할 수가 없어.

b. 나는 너무 피곤해서 친구들과 어울려 놀 수가 없어.

c. 그는 결혼하기엔 너무 어려.

d. 그게 너무 좋아서 믿기지 않아.

e. 그건 놓치기엔 너무 아까워.

3

배운 표현을 사용해 아래 우리말 문장을 영어로 말해 보세요.

그는 혼자 살기엔 너무 어려.
⋯▸ He's **too** young **to** live alone.

집에 가기엔 너무 늦었어.
⋯▸ It's **too** late **to** go home.

그는 그걸 입기엔 키가 너무 커.
⋯▸ He's **too** tall **to** wear it.

4

배운 표현을 실제 대화를 통해 연습해 보세요.

A: 너무 작아서 읽을 수가 없어.
It's too small to read.

B: 한 번 보자.
Let me see.

A: 우리는 돋보기가 필요해.
We need a magnifying glass.

Today's Expression
UNIT 55

It could be ~

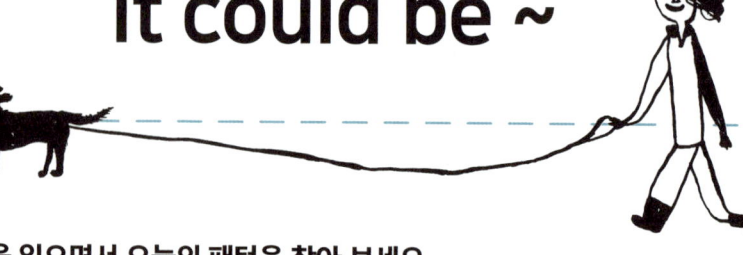

1

예문을 읽으면서 오늘의 패턴을 찾아 보세요.

It could be anything.	뭐라도 될 수 있어.
It could be nothing at all.	아무것도 아닐 수도 있어.
It could be a while.	시간이 좀 걸릴 수도 있어.
It could be worse.	더 나빴을 수도 있어. (그만하길 다행이야.)
It could be better than you think.	네 생각보다 더 좋을 수도 있어.

오늘의 패턴이 어떤 의미인지 확인해 보세요.

✲ It could be + 형용사/명사

'**~일 수도 있다**'라는 의미의 표현입니다.
일이 일어날 가능성에 대해 조심스럽게 언급할 때 사용하고
It could be~ 뒤에 형용사와 명사 둘 다 쓸 수 있습니다.

WORDS
anything 무엇이든   worse 더 나쁜   better 더 좋은

2. 아래 우리말을 영어로 말해 보세요.

a. 뭐라도 될 수 있어.

b. 아무것도 아닐 수도 있어.

c. 시간이 좀 걸릴 수도 있어.

d. 더 나빴을 수도 있어. (그만하길 다행이야.)

e. 네 생각보다 더 좋을 수도 있어.

배운 표현을 사용해 아래 우리말 문장을 영어로 말해 보세요.

위험할 수도 있어.
⋯▶ It could be dangerous.

우연일 수도 있어.
⋯▶ It could be a coincidence.

네 건강에 안 좋을 수도 있어.
⋯▶ It could be harmful for your health.

배운 표현을 실제 대화를 통해 연습해 보세요.

A 그거 끝내는데 얼마나 걸리니?
How long does it take to finish?

B 한 시간이 걸릴 수도, 하루가 걸릴 수도 있어.
It could be an hour or all day.

A 글쎄, 우리는 시간이 많지 않아.
Well, we don't have much time.

Unit 51~55　Review Quiz

1 다음의 빈 칸에 들어갈 알맞은 말을 쓰세요.

a. 아무것도 아닐 수도 있어.
It could be _____ _____.

b. 너 목소리가 좀 짜증 나 있는 것 같아.
You sound _____ _____.

c. 나는 너무 바빠서 운동할 수가 없어.
_____ **too** _____ **to** _____.

2 다음의 우리말을 영어로 옮기세요.

a. 우연일 수도 있어.
→ _____

b. 너 성숙해 보여.
→ _____

3 우리말과 같은 뜻이 되도록 주어진 단어를 배열하여 문장을 완성하세요.

a.　to me.　are　You　special　so
→ _____
너는 나에게 참 특별해.

b.　look　your picture.　than　better　You
→ _____
너 사진보다 더 나아 보여.

Today's Expression
UNIT 56

Have you ever ~?

1

예문을 읽으면서 오늘의 패턴을 찾아 보세요.

Have you ever tried Thai food?	태국 음식 먹어 봤니?
Have you ever been there before?	전에 거기 가본 적 있니?
Have you ever been to Paris?	파리에 가본 적 있니?
Have you ever tried bungee jumping?	번지점프해본 적 있니?
Have you ever thought about studying abroad?	유학 가는 것에 대해 생각해 본 적 있니?

오늘의 패턴이 어떤 의미인지 확인해 보세요.

✣ Have you ever + 과거분사(p.p.)?

'~해봤니?, ~해본 적이 있니?'라는 의미의 표현입니다.
동사의 세 가지 변화인 '원형-과거-과거분사' 중 마지막 형태인 과거분사(p.p.)를 사용한 표현입니다.
현재완료시제는 'have + 과거분사(p.p.)'의 형태이고, 과거의 경험이 현재까지 영향을 미칠 때 사용합니다.

WORDS
try 시도하다   before 전에   study abroad 유학 가다

2. 아래 우리말을 영어로 말해 보세요.

a. 태국 음식 먹어 봤니?

b. 전에 거기 가본 적 있니?

c. 파리에 가본 적 있니?

d. 번지점프 해본 적 있니?

e. 유학 가는 것에 대해 생각해 본 적 있니?

3

배운 표현을 사용해 아래 우리말 문장을 영어로 말해 보세요.

전에 자동차 렌트해 본 적 있니?
⋯▸ **Have you ever** rented a car before?

곰을 본 적 있니?
⋯▸ **Have you ever** seen a bear?

사랑에 빠져 본 적 있니?
⋯▸ **Have you ever** been in love?

4

배운 표현을 실제 대화를 통해 연습해 보세요.

A 일출을 본 적 있니?
Have you ever watched the sunrise?

응, 그건 아주 멋진 경험이었어. **B**
Yes, it was an amazing experience.

A 어디서 봤었니?
Where did you see it?

Today's Expression
UNIT 57
I have already ~

1 예문을 읽으면서 오늘의 패턴을 찾아 보세요.

I've already tried it.	나는 이미 그거 시도해 봤어.
I've already seen the movie.	나는 그 영화 이미 봤어.
I've already been there.	나는 거기 이미 가 봤어.
I've already told you.	나는 너에게 이미 말했어.
I've already finished dinner.	나는 저녁식사를 이미 다 마쳤어.

오늘의 패턴이 어떤 의미인지 확인해 보세요.

✲ I have already + 과거분사(p.p.)

'이미 ~했다, 벌써 ~했다'라는 의미의 표현입니다.
과거의 경험이 현재까지 영향을 미칠 때 현재완료시제
'have + 과거분사(p.p.)'를 사용합니다. 특히 이미 경험한 일을
표현할 때 '이미, 벌써'라는 뜻의 부사 already를 함께 사용합니다.

WORDS
tell 말하다   finish 끝내다

2 아래 우리말을 영어로 말해 보세요.

a. 나는 이미 그거 시도해 봤어.

b. 나는 그 영화 이미 봤어.

c. 나는 거기 이미 가 봤어.

d. 나는 너에게 이미 말했어.

e. 나는 저녁식사를 이미 다 마쳤어.

3 배운 표현을 사용해 아래 우리말 문장을 영어로 말해 보세요.

나는 너에게 이미 설명했어.
⋯▸ I've already explained to you.

나는 이미 많이 잤어.
⋯▸ I've already slept a lot.

나는 이미 너의 친구와 이야기했어.
⋯▸ I've already spoken with your friend.

4 배운 표현을 실제 대화를 통해 연습해 보세요.

A: 그녀는 서울에 살지 않아, 그렇지?
She doesn't live in Seoul, does she?

B: 응, 서울에 살지 않아. 어떻게 알았니?
No, she doesn't. How did you know it?

A: 난 이미 그녀에 대한 모든 것을 들었어.
I've already heard everything about her.

Today's Expression
UNIT 58
I haven't ~ yet

1 예문을 읽으면서 오늘의 패턴을 찾아 보세요.

I haven't met Mr. Right **yet**.	나는 아직 이상형을 못 만났어.
I haven't had my coffee **yet**.	나는 아직 커피도 못 마셨어.
I haven't gone to bed **yet**.	나는 아직 잠자리에 들지 못했어.
I haven't finished my report **yet**.	나는 아직 내 보고서를 끝내지 못했어.
I haven't seen the movie **yet**.	나는 아직 그 영화를 못 봤어.

오늘의 패턴이 어떤 의미인지 확인해 보세요.

✲ I haven't + 과거분사(p.p.) + yet

'아직 ~하지 못했다'라는 의미의 표현입니다.
haven't는 have not의 줄임말입니다.
여기서 yet은 '아직'이라는 뜻의 부사입니다.

WORDS
Mr. Right 이상형   report 보고서

2

아래 우리말을 영어로 말해 보세요.

a. 나는 아직 이상형을 못 만났어.

b. 나는 아직 커피도 못 마셨어.

c. 나는 아직 잠자리에 들지 못했어.

d. 나는 아직 내 보고서를 끝내지 못했어.

e. 나는 아직 그 영화를 못 봤어.

3. 배운 표현을 사용해 아래 우리말 문장을 영어로 말해 보세요.

나는 그걸 아직 시작도 못했어.
⋯▸ I haven't started it yet.

나는 아직 답해주지 못했어.
⋯▸ I haven't answered yet.

나는 아직 결정하지 못했어.
⋯▸ I haven't decided yet.

4. 배운 표현을 실제 대화를 통해 연습해 보세요.

A: 나 오늘 한 끼도 못 먹었어.
I haven't eaten anything yet today.

B: 배고프겠다. 스프 좀 먹을래?
You must be hungry. Do you want some soup?

A: 응. 너 정말 친절하구나.
Yes, please. How kind of you.

Today's Expression
UNIT 59 I've never ~ before

1 예문을 읽으면서 오늘의 패턴을 찾아 보세요.

I've never been to Rome **before**.	나는 전에 로마에 가본 적이 한 번도 없어.
I've never gone out to a blind date **before**.	나는 전에 소개팅해 본 적이 한 번도 없어.
I've never studied abroad **before**.	나는 전에 유학 가본 적이 한 번도 없어.
I've never tried Mexican food **before**.	나는 전에 멕시칸 음식을 먹어본 적이 한 번도 없어.
I've never heard of it **before**.	나는 전에 그 걸 들어본 적이 한 번도 없어.

오늘의 패턴이 어떤 의미인지 확인해 보세요.

✱ I've never + 과거분사(p.p.) + before

'**~해본 적이 한 번도 없다**'라는 의미의 표현입니다.
I've는 I have의 줄임말입니다. never는 '전혀 ~이 아니다'라는 뜻으로 현재완료 시제에 함께 쓰여 부정형을 만듭니다.

WORDS
blind date 소개팅   hear 듣다

2 아래 우리말을 영어로 말해 보세요.

a. 나는 전에 로마에 가본 적이 한 번도 없어.

b. 나는 전에 소개팅해 본 적이 한 번도 없어.

c. 나는 전에 유학 가본 적이 한 번도 없어.

d. 나는 전에 멕시칸 음식을 먹어본 적이 한 번도 없어.

e. 나는 전에 그걸 들어본 적이 한 번도 없어.

3

배운 표현을 사용해 아래 우리말 문장을 영어로 말해 보세요.

나는 전에 그녀를 본 적이 한 번도 없어.
⋯▸ I've never seen her before.

나는 전에 이렇게 느껴본 적이 없어.
⋯▸ I've never felt this way before.

나는 전에 이렇게 늦은 적이 없어.
⋯▸ I've never been this late before.

4

배운 표현을 실제 대화를 통해 연습해 보세요.

A 너 전에 이거 해본 적 있니?
Have you ever done this before?

아니, 나는 전에 이걸 해본 적이 없어. **B**
No, I've never done this before.

A 이걸 할 수 있는 사람 있니?
Is there anyone else who can do this?

Today's Expression
UNIT 60

You must have ~

1 예문을 읽으면서 오늘의 패턴을 찾아 보세요.

You must have been very busy yesterday.	너는 어제 바빴던 게 틀림없어.
You must have forgotten my birthday.	너는 내 생일을 잊은 게 틀림없어.
You must have missed the notice.	너는 그 공지를 못 본 게 틀림없어.
You must have left your key in the room.	너는 방에 그 열쇠를 놓고 나온 게 틀림없어.
You must have caught a cold.	너는 감기에 걸린 게 틀림없어.

오늘의 패턴이 어떤 의미인지 확인해 보세요.

✽ You must have + 과거분사(p.p.)

'너는 ~했음에 틀림없다'라는 의미의 표현입니다.
must는 '틀림없이 ~일 것이다'라는 뜻의 조동사로 'must have 과거분사(p.p.)'는 과거 일에 대한 강한 추측을 나타낼 때 사용합니다.

WORDS
forget 잊다　notice 공지　left 남겼다(leave의 과거형)　catch a cold 감기 걸리다

2 아래 우리말을 영어로 말해 보세요.

a. 너는 어제 바빴던 게 틀림없어.

b. 너는 내 생일을 잊은 게 틀림없어.

c. 너는 그 공지를 못 본 게 틀림없어.

d. 너는 방에 그 열쇠를 놓고 나온 게 틀림없어.

e. 너는 감기에 걸린 게 틀림없어.

3

배운 표현을 사용해 아래 우리말 문장을 영어로 말해 보세요.

너는 외국에서 공부한 게 틀림없어.
⋯▶ **You must have** studied abroad.

너는 전화를 잘못 건 것이 틀림없어.
⋯▶ **You must have** called the wrong number.

너는 길을 잃었던 게 틀림없어.
⋯▶ **You must have** lost your way.

4

배운 표현을 실제 대화를 통해 연습해 보세요.

A: 나 도서관 계단에서 넘어졌어.
I fell down the stairs in the library.

B: 너는 정말 당황스러웠을 게 틀림없어.
You must have felt so embarrassed.

A: 그랬지. 거기에 다신 가지 않을 거야.
I was. I will never go there again.

Unit 56~60   Review Quiz

1 다음의 빈 칸에 들어갈 알맞은 말을 쓰세요.

a. 너는 그 공지를 못 봤음에 틀림없어.
   You must have _____ _____ _____.

b. 나는 아직 이상형을 못 만났어.
   I haven't _____ _____ yet.

c. 나는 전에 그 말 들어본 적이 한 번도 없어.
   I've never _____ _____ before.

2 다음의 우리말을 영어로 옮기세요.

a. 나는 너에게 이미 설명했어.
   → _____

b. 사랑에 빠져 본 적 있니?
   → _____

3 우리말과 같은 뜻이 되도록 주어진 단어를 배열하여 문장을 완성하세요.

a. a cold.   have caught   must   You
   → _____
   너는 감기에 걸린 게 틀림없어.

b. already   you.   I've   told
   → _____
   나는 너에게 이미 말했어.

Answer Review Quiz

UNIT
01-05
20p

1. *a.* see you *b.* listen to music *c.* talk to you
2. *a.* I'd like to apologize to you.
   b. Let's hang out tonight.
3. *a.* Let me open the door for you.
   b. I can't wait to tell you my secret.

06-10
39p

1. *a.* hold your hand *b.* give up *c.* get a job
2. *a.* I have to go on a business trip.
   b. I don't want to clean my room.
3. *a.* I don't want to say goodbye.
   b. You need to get some groceries.

11-15
57p

1. *a.* take a nap *b.* hurry up and decide *c.* I / wear the glasses
2. *a.* I tried to be punctual.
   b. He managed to arrive in time.
3. *a.* I'd rather tell the truth.
   b. They managed to get out of the cave.

16-20
73p

1. *a.* read the book *b.* give us a call *c.* say goodbye
2. *a.* I'm here to get some coffee.
   b. I think you should keep a diary.
3. *a.* Make sure to wear a life jacket.
   b. I'm here to apply for the job.

21-25
91p

1. *a.* bring me some water *b.* keep it a secret *c.* get down to business
2. *a.* Can I do it later?
   b. May I see your passport?
3. *a.* Would you like some coffee or tea?
   b. Shall we go hiking this Sunday?

26-30
107p

1. *a.* eat out with me *b.* hang out *c.* call him
2. *a.* Do you cook every day?
   b. Do I have to pay for this?
3. *a.* Do you want to improve your English skill?
   b. Are you going to buy a new car?

Answer Review Quiz

UNIT 31-35 (125p)
1. *a.* do you like the most *b.* know my number *c.* go to the movies
2. *a.* What team are you in?
   b. What did you bring with you?
3. *a.* How often do you work out each week?
   b. How long does it take to go to the airport?

36-40 (141p)
1. *a.* the due date *b.* reach you *c.* take a rest at home
2. *a.* Where can I print this out?
   b. When was the last time we met?
3. *a.* Who wants some ice cream?
   b. Why did you quit your job?

41-45 (159p)
1. *a.* a restaurant around the corner *b.* going out *c.* fashion much
2. *a.* I had difficulty making a decision.
   b. I am good at eating spicy food.
3. *a.* There are so many people on the street.
   b. I am good at cramming for an exam.

46-50 (175p)
1. *a.* your understanding *b.* cultural differences *c.* eating out tonight
2. *a.* It is because of the pollution.
   b. This place is worth visiting.
3. *a.* What do you say to going for a drive?
   b. You look like someone I know.

51-55 (193p)
1. *a.* nothing at all *b.* a little grumpy *c.* I'm / busy / work out
2. *a.* It could be a coincidence.
   b. You look mature.
3. *a.* You are so special to me.
   b. You look better than your picture.

56-60 (209p)
1. *a.* missed the notice *b.* met Mr. Right *c.* heard of it
2. *a.* I've already explained to you.
   b. Have you ever been in love?
3. *a.* You must have caught a cold.
   b. I've already told you.